Management d'équipe

7 leviers pour améliorer bien-être et efficacité au travail

Groupe Eyrolles
61, bd Saint-Germain
75240 Paris cedex 05

www.editions-eyrolles.com

Cet ouvrage a fait l'objet d'un reconditionnement à l'occasion de son troisième
tirage (nouvelle couverture).
Le texte reste inchangé par rapport au tirage précédent.

Jean-Pierre Brun

Management d'équipe

7 leviers pour améliorer bien-être et efficacité au travail

Troisième tirage 2013

EYROLLES

Table des matières

Remerciements

Mes premiers remerciements vont aux managers et aux employés des entreprises que j'ai accompagnées au cours des dernières années. Leurs démarches pour l'amélioration du travail et une plus grande efficacité de l'entreprise constituent le terreau de cet ouvrage. Merci de m'avoir fait confiance et de m'avoir lancé des défis.

Evelyn et Étienne, vos encouragements et votre soutien quotidien m'ont donné l'énergie, la détermination et le temps qu'il faut pour terminer ce projet qui me tient tant à cœur.

Je tiens à souligner l'accueil chaleureux de la Lancaster University Management School, au Royaume-Uni, qui m'a reçu à titre de professeur invité. Ma reconnaissance va tout particulièrement à Cary Cooper, Sur Cox, Gerry Wood et Becky Bawden.

La première ébauche de ce livre a été mise à l'épreuve auprès d'un groupe de « premiers lecteurs » qui m'ont encouragé à poursuivre et qui m'ont fait part d'excellentes suggestions à la fois sur la forme et sur le contenu de cet ouvrage.

Caroline Birons et Hans Ivers ont été mes proches collaborateurs pendant plusieurs années de recherche. Je les remercie pour leur soutien intellectuel de même que pour avoir mis à contribution leur grande expertise. Je veux également souligner l'excellent travail de codage des commentaires des répondants aux questionnaires qu'a réalisés Julie Gagnon.

Depuis mes tout débuts à la Chaire en gestion de la santé et de la sécurité du travail de l'Université Laval, Christiane Blais me soutient dans l'ensemble de mes réalisations et particulièrement dans ce projet. Sophie Lamontage et Jean-Charles Marcoux ont aussi été d'une aide généreuse dans la finalisation de cet ouvrage. À vous trois, un grand merci ! J'aimerais également remercier mes collègues de la Chaire, avec lesquels j'ai eu des échanges intellectuels stimulants.

Enfin, je suis reconnaissant à mon éditeur, Jean Paré, qui, dès nos premiers entretiens, m'a encouragé à poursuivre la rédaction de cet ouvrage et en a permis la publication aux Éditions Transcontinental. Merci aussi à son équipe de production pour la réalisation de ce livre.

Jean-Pierre Brun

Introduction

Ce livre répond à la question suivante :

Quelles sont les pièces manquantes du management qui font en sorte que le bien-être au travail et l'efficacité des entreprises s'en trouvent touchés ?

Dans ma vie professionnelle, j'ai eu la chance de côtoyer des cadres supérieurs, des managers, des délégués syndicaux et des employés formidables pour qui le bien-être au travail et l'efficacité de l'entreprise vont de pair. Ces gens m'ont demandé de les aider, m'ont expliqué leur travail, m'ont décrit leurs difficultés ainsi que les aspects positifs de leurs tâches et m'ont aussi fait part des solutions qu'ils avaient implantées.

Au fil de mes interventions dans les entreprises, j'ai sondé des milliers de personnes, j'ai interviewé des centaines de managers, j'ai animé des groupes de résolution de problèmes avec des centaines d'employés et j'ai conseillé des dizaines de comités de management, de conseils de direction et de groupes syndicaux. Je suis intervenu dans des industries de l'aéronautique, du transport, de la métallurgie, dans de grandes institutions financières, dans des ministères, des hôpitaux et des chaînes de distribution alimentaire. J'ai observé le travail de préposés aux renseignements, de cadres, d'infirmières, d'employés de la construction, de journalistes, de monteurs de lignes, de conseillers en ressources humaines, de comptables, de travailleurs sociaux et de professeurs. J'ai donné des centaines de conférences et offert des dizaines de formations en entreprise. Ces multiples rencontres avec des employés et des managers m'ont permis de constater que plusieurs problèmes étaient provoqués par ce que j'appelle des pièces manquantes dans le management des personnes et des organisations. En voici quelques illustrations :

- une assistante dentaire se plaint des absences fréquentes de son patron et du manque de reconnaissance de celui-ci envers le travail de l'équipe ;
- un chef d'équipe n'en peut plus, car le nombre de dossiers à traiter ne cesse d'augmenter, et il constate qu'il n'y a aucune manière d'évaluer sa charge de travail ni possibilité d'en discuter ;
- un conseiller en ressources humaines de cinquante-cinq ans mentionne qu'il a peu de marge de manœuvre pour régler les cas difficiles de relations de travail et qu'on lui permet rarement de prendre des décisions de façon autonome ;
- un directeur de la production considère que les priorités de l'entreprise ne sont pas claires et que cela a un impact direct sur la façon dont il doit répartir les budgets dans les différents services ;
- un directeur de la santé et de la sécurité du travail en a assez que chaque membre de l'équipe de direction travaille pour lui-même ; il déplore le manque de soutien de la direction ainsi que le peu d'entraide et de coopération ;
- une infirmière dénonce le fait qu'on l'oblige à faire des heures supplémentaires et que cela constitue une contrainte importante pour concilier les activités familiales et le travail ;
- un contremaître se dit victime de harcèlement au travail et constate qu'il n'a aucun recours et aucun appui de son directeur pour régler le problème.

Mon expérience m'a montré que beaucoup de gens (employés ou managers) aiment leur travail, mais aussi qu'ils sont de plus en plus nombreux à ne plus pouvoir supporter les conditions dans lesquelles ils doivent l'exercer. Quels sont donc les problèmes qui empêchent les individus d'être bien au travail et qui nuisent à l'efficacité des organisations ? Quelles sont les solutions possibles ? Comment implanter de telles solutions et, surtout, comment s'assurer de leur durabilité ?

Je me suis posé ces questions pour la première fois en 1990, alors que je travaillais avec des équipes de monteurs de lignes électriques dans le cadre de mon doctorat. Je faisais ce qu'on appelle, dans le jargon universitaire, de l'« observation participante », ce qui signifie faire partie intégrante du milieu qu'on étudie.

Mon intégration dans ces équipes s'est faite en deux temps. D'abord, pour bien comprendre le métier complexe des monteurs de lignes, j'ai suivi la formation initiale. C'est au cours de cet entraînement que j'ai appris à grimper dans un poteau électrique, compris le fonctionnement des outils et de l'équipement, pu distinguer les différents types de câbles électriques, saisi l'importance du travail en équipe et appris aussi à me familiariser avec la multitude de règles, de directives et de consignes qui régissent le travail sur des installations électriques dont l'intensité peut varier de 240 à 14 000 volts.

Une fois ma formation terminée, j'ai travaillé comme monteur de lignes pendant près d'un an avec une dizaine d'équipes d'Hydro-Québec. L'immersion complète dans un univers de travail à haut risque m'a permis de connaître un métier de l'intérieur, puisque j'ai eu à installer des équipements électriques, à changer des transformateurs, à modifier des parcours de poteaux électriques, à réparer des coupe-circuits et à ajouter des câbles électriques dans un quartier en développement.

Cette enquête sur le terrain a été pour moi unique, car elle m'a permis de constater à quel point les employés devaient faire usage de leurs compétences, faire preuve d'imagination et d'innovation pour parvenir à réaliser le travail demandé. C'est là, pour la première fois, que j'ai pris conscience des pièces manquantes du management, notamment le manque de participation aux décisions, le manque de reconnaissance au travail et l'ambiguïté des tâches.

En rédigeant ce livre, j'ai voulu partager avec vous mes expériences et mes connaissances sur les problèmes qui font obstacle à l'amélioration du bien-être au travail et à une plus grande efficacité des entreprises. Au cœur de cet ouvrage se situe le travail au quotidien, si peu estimé dans nos entreprises et qui est pourtant tout aussi important que le leadership ou les stratégies d'entreprises, mais peut-être moins à la mode ou considéré comme moins stratégique.

De plus en plus, je constate que la différence entre une entreprise en bonne santé et efficace et une entreprise malade et inefficace ne réside pas seulement dans les grandes stratégies d'entreprises ou les stratégies classiques qui consistent à attirer, à retenir et à bien rémunérer la main-d'œuvre, mais elle réside aussi dans les conditions dans lesquelles s'exerce le travail des employés. Plusieurs auteurs connus constatent la même chose. Par exemple, Warren Bennis mentionne que le leadership ne représente que 15 % du succès d'une entreprise, et que 85 % du succès repose sur le travail de dizaines, de centaines, voire de milliers de personnes qui y travaillent chaque jour.

D'autres auteurs, comme Richard Templar, James O'Toole, Aubreys C. Daniels et Arie De Geus, considèrent aussi qu'il existe un lien étroit entre le bien-être des personnes et l'efficacité des entreprises. Dans le quotidien des employés et des managers, ces deux éléments sont intimement liés. En effet, je suis toujours étonné de voir que lorsqu'une personne me parle d'une atteinte à son bien-être au travail, il s'agit aussi, dans 95 % des cas, d'une atteinte à l'efficacité de l'entreprise ou de l'institution.

> « Il existe deux façons
> d'être créatif.
> On peut chanter et
> danser ou on peut créer
> un environnement
> où les chanteurs et
> les danseurs peuvent
> se développer. »
>
> Warren Bennis

Prenons le cas d'un service de radiologie dans un hôpital universitaire. Plusieurs employés m'ont confié qu'il n'y avait eu aucune réunion d'équipe depuis cinq ans. Le personnel a l'impression de ne pas être important, considère qu'il est mal informé sur les événements, se sent isolé et estime qu'il n'a pas le soutien de leur responsable de service.

En discutant avec ces employés, j'en suis venu à la conclusion que ceux-ci étaient non reconnus, démotivés, isolés et de plus en plus stressés.

4

Cela avait non seulement des effets sur leur bien-être mais aussi sur la performance du service : les erreurs étaient fréquentes, des résultats radiologiques s'étaient égarés, la coopération entre les membres de l'équipe était à son plus bas, personne ne voulait faire d'effort pour aider leur supérieure, et les patients se plaignaient de plus en plus du manque de délicatesse de certains employés.

De son côté, la responsable de cette équipe se dit débordée et affirme manquer de temps et d'énergie. Elle voit bien que ses collaborateurs ne donnent pas leur plein rendement et connaît des difficultés importantes, mais elle ne sait pas comment remédier à la situation.

À la lecture de ce court exemple, vous pouvez constater qu'il existe des mélanges toxiques qui portent atteinte au bien-être au travail et à l'efficacité des entreprises. Il est donc rentable d'améliorer les conditions dans lesquelles s'exerce le travail des employés et des managers. J'ajouterai qu'il est aussi du devoir des entreprises et de leurs dirigeants d'offrir à l'ensemble de leur personnel des conditions de travail adéquates. En effet, si les entreprises ont le droit d'exiger un plein rendement de leur main-d'œuvre, elles ont aussi le devoir d'offrir des conditions de travail saines qui favorisent le développement de la personne.

À propos de ce livre

Le défi du présent ouvrage est de décrire les pièces manquantes du management des personnes et des organisations et de proposer une démarche simple et concrète ainsi que des solutions efficaces qui perdurent. À la fin d'une de mes conférences dans une grande institution financière, un manager se réjouissait qu'on lui propose enfin des solutions : « Merci pour votre conférence. Ce que j'ai aimé, c'est que vos solutions sont simples et que vous allez plus loin en suggérant une façon de les implanter et de s'assurer qu'elles durent dans le temps. Ce que j'aime dans votre démarche, c'est que vous n'apportez pas simplement des réponses à nos problèmes, mais des solutions réalistes et réalisables ! »

Ce livre traite des 7 pièces manquantes du management. Pourquoi sept ? Mes recherches auprès d'une vingtaine d'entreprises et plus de 17 000 employés et managers font généralement ressortir 7 catégories de problèmes associés au bien-être au travail et à l'efficacité des entreprises.

Le chapitre 1 décrit ce que j'entends par l'expression « les pièces manquantes du management ». Vous y trouverez aussi des explications sur la santé organisationnelle. Le chapitre 2 aborde un enjeu essentiel de nos organisations : la reconnaissance au travail. Puis le chapitre 3 traite de l'importance du soutien social et des relations interpersonnelles. Vient ensuite, dans le chapitre 4, la question délicate du manque de respect au travail. Le chapitre 5 couvre un sujet populaire de nos jours : la conciliation travail-vie personnelle. Les enjeux liés à la charge de travail font l'objet du chapitre 6. Le chapitre 7 aborde la question de l'autonomie des employés et de leur participation aux décisions. Le conflit et l'ambiguïté de rôle sont discutés au chapitre 8. Pour conclure ce livre, le chapitre 9, intitulé *Joignez les gestes à la parole*, présente une démarche d'ensemble simple et efficace pour implanter des changements qui permettront de combler les vides laissés par les pièces manquantes du management.

J'ai voulu que ce livre ne soit pas uniquement une lecture qui porte à réfléchir, mais aussi un outil qui permet de passer à l'action. En tant que manager, vous y trouverez de nombreux éléments afin de changer les conditions de travail, les pratiques de management ainsi que les stratégies de leadership de votre organisation. Pour écrire ce livre,

Cessons de faire de la gestion des ressources humaines et pratiquons une gestion plus humaine des ressources !

j'ai puisé à diverses sources : mes recherches universitaires, mes interventions à titre de consultant, mes discussions avec des managers et des employés, les questions qui m'ont été posées au cours de mes conférences.

Puisque cet ouvrage traite de problèmes délicats dans les entreprises, j'ai volontairement masqué l'identité de mes interlocuteurs ; j'ai aussi changé certaines caractéristiques des milieux de travail pour assurer la confidentialité, mais j'ai toujours respecté les propos et les exemples observés ou qui m'ont été relatés afin de conserver l'exactitude des situations.

À la fin de chaque chapitre, vous trouverez deux sections qui vous guideront pour mieux gérer le bien-être au travail et l'efficacité de l'entreprise. La première section, intitulée *Où en êtes-vous ?*, est un outil d'autodiagnostic qui permet d'évaluer votre entreprise en fonction de chacune des pièces manquantes. La seconde section, *Foncez !*, suggère 10 actions simples à mettre en place dans votre organisation.

Cet ouvrage est le résultat de plusieurs années de recherche et d'interventions en entreprise. Il peut être lu du début à la fin, comme vous pouvez tout de suite aller aux sections qui vous intéressent le plus. Il se veut à la fois un guide pour une réflexion ainsi qu'un outil de management pour améliorer le bien-être au travail et l'efficacité de votre entreprise.

Je souhaite que ce livre ait pour effet que jamais plus vous n'écrirez un plan stratégique, n'élaborerez des pratiques de management ou ne définirez des conditions de travail sans tenir compte des pièces manquantes présentées dans cet ouvrage.

Chapitre 1

Découvrez les pièces manquantes du management

> « La plupart des grandes entreprises
> sont profondément malades. »
> Peter Senge, 1997 (traduction libre)

Quelles sont les pièces manquantes ?

Prenez quelques instants pour réfléchir et vous poser la question suivante : de quoi parlent les personnes lorsqu'il est question de bien-être au travail ? Au-delà des problèmes liés à chaque poste ou à chaque organisation, vous remarquerez que les gens formulent souvent leurs commentaires ainsi : « Si on avait… », « Il nous manque… », « On oublie trop la personne… », « Je ne suis pas… », etc.

Quand il s'agit d'expliquer ce qui ne va pas au travail, la plupart des individus vont parler de ce qui manque pour que leurs conditions de travail soient adéquates. Ils discutent des lacunes dans le management, du « petit plus » qu'il faudrait ajouter, de la dimension humaine qui est évacuée ou des pratiques de management et de travail disparues. C'est en écoutant de tels propos que j'ai pu constater que les difficultés rencontrées pour améliorer le bien-être au travail sont associées à des dimensions absentes du management, ce que j'appelle des pièces manquantes.

Quelles sont donc les principales pièces manquantes ? Au cours des dernières années, le centre de recherche que je dirige, soit la Chaire en gestion de la santé et de la sécurité du travail à l'Université de Laval, a réalisé plus de 20 recherches-action dans différentes organisations privées, publiques et parapubliques, et plus de 17 000 personnes ont complété les questionnaires envoyés. À la fin des questionnaires, les répondants pouvaient écrire leurs commentaires au sujet du bien-être au travail. De manière générale, les commentaires portaient sur les problèmes rencontrés au travail ou les actions et solutions à implanter pour contrer les problématiques reliées au bien-être au travail. Au total, plus de 10 000 commentaires ont été accumulés au fil des ans. Les réponses aux questionnaires ont constitué la principale source d'information pour identifier les pièces manquantes. Les problèmes, ou pièces manquantes, qui ont été relevés dans ces sondages sont présentés et expliqués dans le tableau ci-dessous et font chacun l'objet d'un chapitre.

Les 7 pièces manquantes

➡ La reconnaissance au travail

La reconnaissance au travail est une pratique qui consiste à témoigner, de façon authentique et constructive, de l'appréciation. La reconnaissance porte notamment sur la façon dont la personne s'acquitte de ses tâches, sur l'effort et l'énergie qu'elle déploie, sur les résultats qu'elle obtient, sur sa contribution au sein de l'entreprise ou encore, sur sa façon d'être en tant qu'être humain.

➡ Le soutien social

Le soutien social consiste en l'existence et la disponibilité de personnes de confiance qui peuvent nous assister ou nous conseiller en cas de difficultés émotionnelles ou dans la résolution de problèmes.

➡ Le respect

Le respect est la perception d'un comportement qui aide à préserver les normes de civilité mutuellement acceptables au travail et qui comprend une relation positive et constructive avec autrui. Cela favorise la collaboration et le développement de relations durables.

➡ La conciliation travail et vie personnelle

La conciliation travail et vie personnelle signifie que l'amélioration d'un domaine de vie (travail ou vie personnelle) procure des bénéfices qui contribuent à l'amélioration du fonctionnement de l'autre domaine de vie (vie personnelle ou travail).

➡ La charge de travail

La charge de travail se compose de la combinaison de ce qui est demandé (quantité, rythme, intensité, délai) et de ce qui est ressenti (fatigue, effort, difficulté de concentration, usure). Ce qui est réellement fait (demandé + ressenti) a des impacts sur la personne (stress, démotivation, isolement) et sur l'efficacité de l'entreprise.

➡ La participation aux décisions

La participation aux décisions est la latitude, la marge de manœuvre nécessaire pour décider comment le travail doit être fait, la capacité d'influer sur le niveau de responsabilités, les occasions de participer à la prise de décision et les possibilités de commenter l'information reçue du supérieur immédiat. La participation aux décisions inclut aussi la possibilité d'être créatif et de développer ses compétences.

➡ La clarté du rôle

Quand le rôle n'est pas clairement défini ou respecté, on assiste soit au conflit de rôle, soit à l'ambiguïté du rôle.

Le conflit de rôle est un état ou une perception qui s'installe lorsqu'une personne considère recevoir des demandes contradictoires ayant pour effet que la réalisation d'une demande rend l'autre difficile, voire impossible à accomplir. L'ambiguïté du rôle au travail est un état ou une perception indiquant que le rôle demandé, les échéances à respecter ou les méthodes de travail à employer ne sont pas clairement définies.

Comme je viens de le mentionner, les pièces manquantes sont abordées dans des chapitres distincts, mais il existe évidemment des relations entre chacune d'elles. Par exemple, la surcharge de travail peut entraîner des problèmes de relations entre les individus, le manque de participation aux décisions peut se répercuter sur le sentiment d'être reconnu ou encore, l'ambiguïté des tâches peut nuire à l'autonomie au travail. Ces exemples démontrent l'importance d'avoir une approche systémique des problèmes, comme vous le verrez tout au long de ce livre.

Une des raisons qui explique le phénomène des pièces manquantes du management est que le bien-être au travail est rarement considéré comme une préoccupation importante et ne se retrouve qu'occasionnellement dans le tableau de bord des directions d'entreprises et de leurs managers.

Une étude de l'Integrated Benefits Institute, réalisée en 2002 auprès de 269 directeurs financiers, apporte un éclairage étonnant sur cette absence d'information de management. La très grande majorité des répondants, soit 9 sur 10, voit une relation directe entre le bien-être au travail et la productivité. Puisque les répondants disaient être conscients de cette relation, les auteurs de l'étude ont donc demandé aux managers quels étaient leurs indicateurs de gestion habituels. Les trois principaux éléments qui orientent leur gestion sont la liquidité (*cash-flow*), le chiffre d'affaires et les bénéfices. Les indicateurs de bien-être au travail ne figuraient pas du tout sur leur liste !

Qu'est-ce qu'une entreprise en bonne santé ?

> « La santé des employés ne peut être séparée de la santé de l'entreprise. »
>
> Johnson & Johnson

Pour être qualifiée de saine, une entreprise doit faire du bien-être au travail une fonction de management comme une autre et en faire un critère de gestion. Si le bien-être au travail est seulement une valeur ou une priorité parmi d'autres, ce n'est pas suffisant. Les entreprises ont généralement tendance à se concentrer sur quelques sphères à la fois (qualité, productivité, changements technologiques) et il n'est pas rare que les autres sphères en souffrent. Pour éviter ce piège, faire du bien-être au travail une fonction de management et un critère de gestion ou d'affaires permet de placer cette préoccupation au même échelon que la liquidité, le chiffre d'affaires et les bénéfices.

La santé au travail doit être considérée comme une fonction de management au même titre que la comptabilité, le marketing ou la qualité.

Une entreprise en bonne santé est donc beaucoup plus que des programmes de bien-être individuel qui s'appuient sur un ensemble d'activités comme des séances de yoga, de massage sur chaise, des ateliers de gestion du stress ou des réunions d'information sur la nutrition. Cette panoplie d'activités ne fait pas nécessairement de tort, mais on sait maintenant que celles-ci n'ont pas d'impact à long terme et n'éliminent aucunement les risques qui portent atteinte au bien-être au travail.

> « *La santé est un état de complet bien-être physique, mental et social, et ne consiste pas seulement en une absence de maladie ou d'infirmité.* »
> *Organisation mondiale de la santé*

Une entreprise saine est un lieu où on peut construire sa santé et non un lieu où on peut l'altérer. Les effets du travail dépendent du mélange des conditions de travail qu'on y trouve. Certains mélanges, comme une surcharge de travail, l'absence de reconnaissance et aucune possibilité de participer aux décisions, peuvent être toxiques. D'autres mélanges, comme un bon soutien social, une autonomie suffisante et une définition de tâches adéquate, sont excellents pour la santé des personnes.

Comment peut-on donc définir ce qu'est une entreprise saine ? Quels sont les critères à considérer ? Voyons comment nous pouvons répondre à ces questions.

Une entreprise saine se compose de directives, de règles, de procédures, de ressources et de pratiques qui favorisent la santé physique et mentale des employés. En retour, ces derniers contribuent à l'atteinte des objectifs de production ou de service, à l'efficacité de l'organisation et au bien-être de la société.

> *Une entreprise saine ne se mesure pas uniquement par l'absence de maladies, mais par la qualité des pratiques de management et des conditions de travail qui sont en place.*

Cette définition signifie que ce n'est pas parce qu'un milieu de travail n'est pas aux prises avec un nombre élevé d'accidents de travail, de maladies professionnelles ou un taux d'absentéisme élevé qu'il est nécessairement considéré comme étant sain. Cette précision est importante, car je rencontre souvent des managers et des spécialistes en ressources humaines qui pensent que s'il n'y a pas d'événements (accident, maladie, absence), il n'y a pas de problème. Ou encore, ils croient qu'à partir du moment où ils ont mis en place un système de gestion pour gérer les problèmes, ils répondent aux critères d'une entreprise saine.

Je le répète, une organisation saine ne se mesure pas uniquement par l'absence de facteurs de risque (surcharge, conflit, manque d'autonomie) ou par l'absence d'accident de travail ou de maladie, mais par la présence et la qualité de pratiques de management et de conditions de travail qui favorisent le bien-être.

Des chercheurs[1] de réputation internationale ont élaboré quatre principes pour définir une entreprise saine :

— Premier principe : La santé est un *continuum* qui va du bien-être à la mort. Une entreprise ne doit donc pas uniquement éviter la maladie ou la mort de ses employés, elle doit aussi promouvoir la santé et ne pas gérer seulement les conséquences négatives.

— Deuxième principe : Une entreprise saine est aussi un processus et non un état stable. Une vigilance constante, ce que les avocats appellent la « diligence raisonnable », doit être maintenue en permanence. En fait, la santé au travail doit être considérée comme une fonction de management au même titre que la comptabilité, le marketing ou la qualité. Ainsi comprise, elle devient une fonction permanente de l'organisation.

---

1. ADKINS, J.A., QUICK, J.C. et MOE, K.O. « Building World-Class Performance in Changing Times », dans MURPHY, L.R. et COOPER, C.L., *Healthy and Productive Work : An International Perspective*, London, Taylor and Francis, 2000, p. 107-132.

– Troisième principe : La santé d'une personne doit être considérée selon une approche globale et systémique. Cela signifie que la santé au travail est le résultat d'interconnexions, de relations entre différents facteurs organisationnels, sociaux, économiques et individuels. Il est donc important que le système institué puisse tenir compte de cette approche holistique et agisse sur tous les risques qui y sont associés.

– Quatrième principe : Une entreprise saine possède aussi une culture de collaboration et de communication constante. Ce dernier principe permettra aux employés et à l'employeur d'engager une discussion constructive sur la mise en place des conditions favorables pour atteindre et maintenir les critères d'une entreprise saine.

Finalement, il existe de nombreuses études qui démontrent la relation positive entre le bien-être des employés et l'efficacité de l'entreprise. Voici un bref aperçu des constats les plus probants :

– la satisfaction des employés détermine la ponctualité et l'absentéisme[1] ;

– la satisfaction au travail est liée à l'engagement du personnel[2] ;

– l'engagement du personnel est associé à un faible *turnover* et à une performance élevée[3] ;

– la moitié des absences au travail est liée à un environnement de travail malsain ou au stress[4] ;

1. SPECTOR, P.E. Job Satisfaction : Application, Assessment, Causes, and Consequences, Thousand Oaks (Calif.), Sage, 1997, 104 p.
2. VANDENBERG, R.J., RICHARDSON, H.A. et EASTMAN, L.J. « The Impact of High Involvement Work Process on Organizational Effectiveness : A Second-Order Latent Variable Approach », *Group & Organization Management*, vol. 24, n°3, 1999, p. 300-399.
3. MATHIEU, J. et ZAJAC, D. « A Review and Meta-Analysis of the Antecedents, Correlates and Consequences of Organizational Commitments », *Psychological Bulletin*, vol. 108, n°2, 1990, p.171-194.
4. COOPER, C.L. « The Costs of Healthy Work Organizations » dans COOPER, C.L. et WILLIAMS, S., *Creating Healthy Work Organizations*, Chichester (England), Wiley, 1994, p. 15.

- la satisfaction des employés est en relation directe avec la satisfaction des clients[1] ;
- la satisfaction envers la sécurité de l'emploi, la rémunération et la satisfaction en général est en relation avec la performance financière de l'entreprise[2].

Bref, la relation entre le bien-être au travail, la performance des employés et la productivité a été bien documentée depuis les dix dernières années. Il est maintenant reconnu qu'il existe un lien de causalité très fort entre le bien-être des personnes au travail et l'efficacité des entreprises. Cette relation sera positive si, dans votre entreprise, vous tentez d'intégrer dans votre gestion les pièces manquantes décrites tout au long de ce livre.

Où en êtes-vous ?

Certaines conditions préalables doivent être réunies pour garantir le succès d'une action en vue d'améliorer le bien-être au travail et l'efficacité de l'entreprise. Dans mes interventions, les pratiques suivantes ressortent comme étant les plus déterminantes. En remplissant la grille d'autodiagnostic ci-contre, vous aurez un bref aperçu des conditions existant dans votre entreprise pour favoriser le bien-être et l'efficacité.

1. HESKETT, J.L.,. SASSER, W.E et. SCHLESINGER, L.A The Service Profit Chain : How Leading Companies Link Profit and Growth to Loyalty, Satisfaction and Value, New York, Free Press, 1997, 320 p.
2. SCHNEIDER, B., HANGES, P.J., SMITH, D.B. et SALVAGGIO, A.N. « Which Comes First : Employee Attitude or Organizational Financial and Market Performance? », *Journal of Applied Psychology*, vol. 88, n°5, 2003, p. 836-851.

Outil de diagnostic

Remplissez la grille à l'aide de la légende ci-dessous.

100 %	Nous sommes souvent en position de leader dans cette pratique ; nous pourrions nous améliorer, mais très peu.
80 %	Nous sommes souvent en position de leader dans cette pratique ; nous pourrions nous améliorer légèrement.
70 %	Nous sommes parfois en position de leader dans cette pratique ; nous devrions nous améliorer.
50 %	Nous sommes très peu en position de leader dans cette pratique ; nous pourrions nous améliorer de beaucoup.
30 %	Nous ne sommes aucunement en position de leader dans cette pratique ; nous pourrions nous améliorer considérablement.

PRATIQUES DE LEADERSHIP, DE MANAGEMENT OU DE TRAVAIL		%
LEADERSHIP	1. La direction reconnaît qu'il existe une relation entre le bien-être des employés et l'efficacité de l'entreprise.	
	2. La direction dispose d'un système pour gérer les risques, organiser la prévention et contrôler les coûts liés au bien-être des employés.	
PRATIQUES DE MANAGEMENT	3. Les managers intègrent les préoccupations liées au bien-être des personnes dans leur gestion quotidienne.	
	4. Les managers sont aussi évalués sur leur performance en matière de bien-être au travail.	
PRATIQUES DE TRAVAIL	5. Les employés ont à cœur leur bien-être ainsi que celui de leurs collègues.	
	6. Les employés sont actifs de manière à favoriser un milieu de travail sain et exempt de risques.	

Une fois que vous aurez fait votre autodiagnostic, je vous suggère d'en discuter dans le contexte de votre choix (comité de direction, comité de management, groupe de travail, réunion d'équipe, etc.) afin de favoriser une prise de conscience et d'établir un plan d'action sur le bien-être des employés et l'efficacité de votre entreprise. Les observations qui découleront de cette réflexion serviront sûrement de leviers pour planifier et amorcer les changements désirés.

Foncez !

10 actions simples

➡ 1. Mesurer l'absentéisme

L'absentéisme est généralement mesuré selon le nombre de jours de travail perdus. En fait, les conséquences et les coûts sont plus importants que le nombre de jours perdus. Voici d'autres indicateurs qui vous permettront d'évaluer avec plus de précision l'absentéisme :

- coût d'invalidité (assurances) ;
- heures supplémentaires ;
- retour au travail ;
- frais de gestion des invalidités ;
- expertises médicales.

➡ 2. Mesurer le présentéisme

Le présentéisme se définit comme la réduction de la performance d'un employé, présent au travail, en raison d'un problème de santé. On peut mesurer l'ampleur et les effets du présentéisme en faisant appel aux indicateurs suivants :

- accroissement des erreurs ;
- réduction de la qualité de la production ;
- prime d'assurance médicaments ;
- programme d'aide aux employés (PAE) ;
- expertises externes ;
- frais juridiques ;
- perte de productivité.

➡ 3. Faire de la santé au travail un critère de gestion

La santé des personnes peut être une priorité, une valeur, mais elle doit surtout devenir un critère de gestion. Vue ainsi, la santé des personnes devient une fonction de management qui n'est pas uniquement l'affaire des ressources humaines ou du service médical, mais de toutes les unités de l'entreprise. La santé au travail sera donc considérée comme un élément essentiel pour la prise de décision et la réussite de l'entreprise.

➡ 4. Considérer les coûts directs et indirects

Les coûts directs (assurance invalidité et absentéisme) ne sont que la partie émergée de l'iceberg de ce que coûte véritablement un milieu de travail malsain. Il existe des coûts indirects qu'il faut estimer pour obtenir un portrait plus juste et convaincant. Les coûts indirects sont le présentéisme, la perte d'expertise, le coût de remplacement de la main-d'œuvre, l'augmentation des délais, etc.

➡ 5. Considérer le travail comme un facteur de santé

Le travail occupe une place majeure dans notre quotidien, soit plus de la moitié de notre vie éveillée. On sait aussi que travailler est bon pour la santé psychologique puisque le milieu de travail est un endroit de socialisation, de reconnaissance et de réalisation de soi. Les conditions ne sont pas toujours en place pour que le travail soit positif pour la santé et le bien-être des personnes. L'élimination de certains obstacles (manque de reconnaissance, surcharge de travail, etc.) évite non seulement de porter atteinte au bien-être, mais favorise surtout le développement de la personne.

➡ 6. Élargir sa vision de la santé au travail

De manière traditionnelle, la santé au travail est associée aux accidents du travail et aux maladies professionnelles. Cette vision est négative et laisse sous-entendre que s'il n'y a pas d'accident ou de maladie, le milieu de travail est sain. C'est faux, car il peut subsister des risques latents ou des effets différés dans le temps. La santé au travail n'est pas uniquement l'absence de maladie, mais la présence du bien-être et d'un équilibre avec son environnement de travail.

➡ 7. Ne pas se concentrer uniquement sur la diminution des coûts

La raison première d'intervenir sur les pièces manquantes du management est l'amélioration du bien-être au travail et une meilleure efficacité de l'entreprise. Vient ensuite la question des coûts. Cette préoccupation économique doit être présente, bien sûr, mais ne doit pas être le seul élément pour motiver les managers et leurs collaborateurs à s'impliquer activement dans l'amélioration des conditions dans lesquelles s'exerce le travail. Par ailleurs, quand on se concentre sur les coûts, on encourt le risque, lorsque ceux-ci sont sous contrôle, de baisser sa vigilance, et c'est généralement là que surviennent les défaillances.

➡ 8. Modifier les conditions de travail

Depuis toujours, le travail et l'entreprise sont en constante progression. Les technologies ont évolué, les processus de production se sont améliorés et la gestion des personnes est de plus en plus efficace. Il est donc possible de changer le travail pour qu'il devienne un facteur de santé pour les employés.

➡ 9. Devenir une entreprise saine : un objectif organisationnel

Le bien-être des employés est un critère d'efficacité et de performance des entreprises. À ce titre, une entreprise saine ne doit pas être uniquement l'objectif des services médicaux ou de la direction des ressources humaines, mais elle doit aussi être un objectif organisationnel porté par le plus haut niveau de management (PDG, directeur, etc.). Une entreprise saine doit être considérée comme un objectif commun à atteindre et comme étant la responsabilité de tous les niveaux de management.

➡ 10. Confronter les faits

Il faut l'avouer, une entreprise qui dispose d'une bonne performance économique ne signifie pas nécessairement que cette entreprise est performante sur le plan de la santé. Avant toute chose, il est essentiel de poser un diagnostic lucide sur l'état de la situation. Ne pas vouloir considérer les problèmes, cacher les faits ou se convaincre que le problème est du côté de la personne et non pas de celui de l'entreprise, cela ne règle rien. Ces réactions ont pour seul effet de maintenir un *statu quo* et de freiner l'amélioration des conditions de travail et, du même coup, de la performance de l'entreprise. Il faut faire face aux faits tels qu'ils sont et avoir la volonté non seulement de poser un diagnostic, mais aussi de passer à l'action par la suite.

À RETENIR

- Quand il s'agit d'expliquer ce qui ne va pas au travail, la plupart des individus vont parler de ce qui manque pour que leurs conditions de travail soient adéquates.

- Les indicateurs de santé au travail figurent rarement dans le tableau de bord des directions d'entreprise et de leurs managers.

- Faire du bien-être au travail une fonction de management et un critère de gestion ou d'affaires permet d'élever le degré de préoccupation des managers.

- Une entreprise saine se compose de directives, de règles, de procédures et de pratiques qui favorisent la santé physique et mentale des employés qui, en retour, contribuent à l'efficacité de l'organisation et au bien-être de la société.

- Le but d'une entreprise saine n'est pas uniquement d'éviter les accidents ou la maladie, mais de favoriser un milieu de travail sain et de promouvoir la santé.

- Une entreprise saine ne se mesure pas uniquement par l'absence de facteurs de risque ou de maladies, mais par la qualité des pratiques de management et des conditions dans lesquelles s'exerce le travail et qui favorisent la santé des individus.

- De plus en plus d'études montrent qu'une entreprise saine contribue à l'amélioration de la santé des employés, réduit l'absentéisme, augmente la productivité, améliore la qualité des services et la compétitivité des organisations.

Chapitre 2

Témoignez de la reconnaissance

> « La reconnaissance est la mémoire du cœur. »
>
> Hans Christian Andersen

À la suite d'une intervention dans un centre d'appels de 250 employés qui avait pour but d'instaurer des pratiques de reconnaissance au travail, voici le témoignage que m'a fait une opératrice : « En quinze ans de service, c'est la première fois qu'un vice-président vient s'asseoir à mes côtés pendant une heure pour mieux comprendre ce que je fais ! Il a été très gentil et s'est montré intéressé par mon travail. Il a vu que ce n'était pas facile de répondre aux demandes des clients. Cette visite a changé mon opinion des patrons et ma perception de l'organisation. Je ne suis pas la seule : la plupart des employés travaillant sur la plate-forme d'appel ont perçu sa visite comme une grande marque de reconnaissance, nous qui sommes habituellement si peu considérés dans l'entreprise. »

Au cours de cette intervention, j'ai rencontré le vice-président en question pour lui transmettre la demande des employés qui désiraient le voir plus régulièrement sur le terrain, et sa première remarque a été : « Vous savez que j'ai déjà un agenda fort rempli et je dois régulièrement refuser des rencontres ! »

Environ 45 % des managers considèrent qu'ils manquent de temps pour faire preuve de reconnaissance envers leurs collaborateurs.

Le manque de temps est en effet un problème bien réel : dans les sondages que mon équipe et moi avons réalisés sur la reconnaissance, environ 45 % des managers mentionnent cette contrainte. J'ai donc répondu ceci au vice-président : « Je comprends, vous êtes très certainement une personne très occupée et je sais que votre charge de travail est énorme. Toutefois, ne pensez-vous pas que vous pouvez trouver quelques heures, non pas demain, mais dans quelques semaines ou quelques mois ? Après tout, ces personnes vous consacrent deux mille heures de travail par année. Vous ne pensez pas pouvoir leur en consacrer trois ou quatre en retour ? »

Cet argument a été percutant et il a fini par acquiescer à la demande des employés. Il a mis fin à notre conversation en me disant : « Monsieur Brun, vous avez touché un point sensible. C'est ce qu'il fallait pour me convaincre ! » Après avoir rendu visite à un premier opérateur, ce vice-président s'est engagé devant les salariés et les managers à leur rendre visite régulièrement.

Plusieurs mois après cette intervention, j'ai croisé ce dirigeant à la sortie d'une réunion et il a demandé à me parler quelques instants. Voici ses propos : « Il y a deux semaines, j'assistais à une réunion avec la haute direction, au siège social. Alors que nous discutions du climat de travail, le président-directeur général a donné l'exemple de mes visites régulières auprès des opérateurs du centre d'appel et a encouragé les autres managers à faire de même avec leurs collaborateurs. Cela a été un honneur pour moi, je ne pensais pas qu'un geste si simple pouvait avoir autant d'impact. Vous savez, quand vous me disiez qu'il y a toujours un retour de l'ascenseur, eh bien, celui-là, je ne m'y attendais absolument pas. Je vous remercie beaucoup d'avoir insisté avec votre argument sur les deux mille heures travaillées par mes collaborateurs ! »

Comme vous venez de le constater, le simple fait de s'intéresser à ce que les gens font, poser des questions pour mieux comprendre leur travail, est un geste qui a un effet considérable sur le sentiment d'être reconnu, d'être important aux yeux des autres. Malheureusement, nous vivons dans un contexte organisationnel particulier où ce sont les employés qui exigent la présence de leur patron. Que de fois j'ai entendu les commentaires suivants de la part d'employés : « Il n'est jamais ici ! », « Il passe

24

en coup de vent ! », « Il faut prendre rendez-vous pour le voir, et une fois sur deux c'est annulé ! » Combien de fois ai-je entendu ceux-ci de la part des managers : « Je n'ai plus le temps de parler avec mon équipe ! », « Je ne sais plus ce que font mes collaborateurs ! », « J'ai l'impression d'être un étranger quand je reviens au bureau ! »

Le grand défi de nos entreprises modernes est d'augmenter la présence des managers auprès de leurs collaborateurs. Une grande compagnie du secteur métallurgique désirant remédier à ce problème s'est dotée du principe de leadership dans l'action. Plusieurs directeurs d'usines ont décidé que, tous les matins, pendant quatre-vingt-dix minutes, les responsables devaient être dans les ateliers et discuter avec leur équipe de travail. Aucune réunion ne devait se tenir pendant cette période de la journée. Cette pratique, fort simple, a considérablement enrichi la communication entre les managers et leurs collaborateurs, a amélioré le climat de travail, de même que les performances en matière de sécurité du travail.

Faire acte de présence, une chose si simple, est donc une pratique de management tout aussi efficace qu'une planification stratégique, qu'un plan quinquennal ou qu'une nouvelle politique organisationnelle.

Si la présence est une forme simple et directe, la reconnaissance peut également se manifester par quelques mots et avoir un effet aussi important. Je me rappelle un voyage d'affaires à Londres. Ayant un après-midi de libre, ma femme et moi avions décidé de visiter la Tate Gallery. Pour nous y rendre, nous avions pris l'autobus et nous nous étions assis tout en haut, sur les sièges du devant (comme de nombreux touristes le font).

Alors que nous contemplions la vie frénétique de Londres, trois adolescents sont montés et se sont dirigés tout droit sur la plateforme supérieure où nous étions. À peine installés, ils se sont mis à crier, à taper sur les fenêtres et à sauter d'un banc à l'autre. Nous ne savions trop quoi faire. Tout à coup, l'autobus s'est arrêté. Le chauffeur est monté et a demandé aux jeunes de se calmer ou de sortir. Rapidement, une altercation a éclaté entre les jeunes et le chauffeur, il y a eu des bousculades et des cris. Par chance, un policier, qui était au coin de la rue, est monté dans l'autobus et a aidé le chauffeur à sortir les ados.

Le calme est revenu, mais tout le monde était un peu ébranlé par ce qui venait de se produire. Rendu à destination, au moment de sortir de l'autobus, je suis allé remercier notre chauffeur pour ce qu'il avait fait. Il m'a expliqué simplement qu'il avait entendu beaucoup de bruit, que ça l'avait inquiété et que, spontanément, il était monté.

Quelques secondes plus tard, alors que nous marchions en direction du musée, un autobus s'est arrêté et la porte s'est ouverte. Le chauffeur que j'avais remercié plus tôt m'a alors fait un signe, pouce en l'air, et m'a lancé : « You made my day ! » Je lui ai rendu la pareille avec un large sourire, et nous avons continué notre chemin jusqu'à la Tate Gallery.

Je raconte cette anecdote dans mes conférences, car elle illustre bien que la reconnaissance peut être simple, spontanée et avoir un effet considérable. Non seulement ce chauffeur a apprécié mon geste, mais cela a changé, en partie, les conséquences de cet événement fâcheux. Mes remerciements à son égard ont aussi constitué un épisode qui vient, d'une certaine manière, compenser pour le stress vécu.

Lorsque le chauffeur a arrêté son autobus à mes côtés, il m'a aussi immédiatement adressé ce geste de reconnaissance et voulait me dire à quel point il avait apprécié. Je me suis senti reconnu et cela a raffermi le sentiment que j'avais bien fait de lui parler quelques instants. Du même coup, cela a confirmé l'importance de reconnaître simplement, de manière authentique et sur-le-champ, les gestes ou les actions qu'on apprécie.

De manière générale, lorsqu'on parle de la reconnaissance au travail, les premières pratiques de management qui nous viennent à l'esprit sont orientées sur les résultats et se manifestent de manière pécuniaire : prime au rendement, boni ou partage des profits. Ces pratiques sont très courantes dans un grand nombre d'organisations. Toutefois, on s'interroge de plus en plus sur leur réelle influence sur le bien-être des employés et l'efficacité organisationnelle. En effet, ces modes de reconnaissance sont pratiqués depuis plus de vingt ans et ne semblent pas avoir l'effet escompté.

Dans son dernier livre, *Good to Great*[1], Jim Collins montre qu'il n'existe pas de relation directe entre le montant, le mode de rémunération des dirigeants et la performance de l'entreprise. Il observe même que les entreprises qualifiées de *Great* (excellentes) offrent souvent une rémunération moindre à leur équipe de management que les entreprises qui ont une performance médiocre. Ainsi, il ressort que les modes de rémunération et la reconnaissance pécuniaire ne sont pas les meilleurs leviers pour augmenter la performance organisationnelle. C'est probablement ce qui explique que 96 % des sociétés[2] répertoriées dans le Fortune 1 000 ont aussi des programmes de reconnaissance non pécuniaire et que, selon une étude de Mercer Human Resource Consulting[3], 38 % des entreprises sondées prévoient de développer davantage cette dernière forme de reconnaissance.

Parmi les sociétés répertoriées dans le Fortune 100, 96 % ont un programme de reconnaissance non pécuniaire.

Si la reconnaissance au travail est essentielle, cela vaut la peine de prendre quelques instants pour définir cette pratique de management. Non pas dans le but d'un exercice théorique, mais dans le but de voir les leviers qui s'offrent à nous quotidiennement dans les organisations.

---

1. COLLINS, J. *Good to Great*, London, Random House, 2001.
2. LAWLER III, E.E., « Pay Practices in Fortune 1000 Corporations », *Worldatwork Journal*, vol. 12, n°4, 2003, p. 45-54.
3. MERCER HUMAN RESOURCE CONSULTING. Mercer Snapshot Survey : Measuring the Return on Total Rewards, août 2005.

> ■ La reconnaissance au travail est une action construc-
> tive ou une appréciation posée sur la contribution de
> la personne, tant sur le plan des pratiques de travail
> que sur celui de l'investissement personnel. Enfin, la
> reconnaissance se pratique sur une base régulière en
> la manifestant de manière formelle ou informelle.

Comment faire preuve de reconnaissance ?

Les pratiques de reconnaissance au travail ont fait l'objet de nombreuses recherches et publications[1]. Mes interventions et mes recherches font ressortir quatre occasions qui permettent de faire preuve de reconnaissance envers les gens au travail :

1. reconnaître la valeur de la personne ;

2. reconnaître la pratique de travail ;

3. reconnaître l'investissement dans le travail ;

4. reconnaître les résultats.

Reconnaître la valeur de la personne

Cette sorte de reconnaissance s'intéresse à la personne, à ses qualités, à ses aptitudes, à son expertise, à ses compétences distinctives. Ici, la reconnaissance s'exprime dans les relations interpersonnelles, en face-à-face, et elle est à la base de toutes les autres formes de reconnaissance. Voici quelques exemples :

– consulter un membre de son équipe pour son expertise, l'inviter à nous accompagner dans une réunion importante pour qu'il exprime son point de vue ;

---

1. BRUN, J.-P. et DUGAS, N. « La reconnaissance au travail : analyse d'un concept riche de sens », *Gestion*, HEC Montréal, vol. 30, n°2, 2005, p. 79-88.

– être présent auprès de son équipe, consacrer du temps pour connaître le travail de chacun ;

– souligner, en public ou en privé, l'attitude positive de la personne (employé ou manager).

Reconnaître la pratique de travail

Ce type de reconnaissance porte sur la qualité du travail effectué, l'ingéniosité déployée dans l'exercice courant de ce travail, l'innovation suggérée ou l'amélioration continue du service offert. Voici quelques gestes de reconnaissance qui concernent la pratique de travail :

– proposer une mission à un collaborateur en fonction de ses compétences et du travail antérieur réalisé ;

– remettre un prix à une personne pour sa pratique professionnelle ;

– organiser une rencontre dans le but de reconnaître un métier et de souligner l'apport d'un groupe de métier à l'organisation (secrétaires, comptables, ingénieurs, etc.) ;

– féliciter un collaborateur qui a reçu une lettre d'un client satisfait du service qu'il a obtenu.

Reconnaître l'investissement dans le travail

Cette forme de reconnaissance est liée à l'engagement et à la contribution de l'employé ou de l'équipe au processus de travail quant aux efforts consentis. Parfois, malgré tous les efforts investis, les résultats prévus ne sont pas au rendez-vous. Il convient néanmoins de reconnaître la qualité et l'intensité de l'énergie déployée au travail, des aspects qui, trop souvent, ne se voient pas. Voici des façons d'apprécier ces efforts :

La reconnaissance des efforts déployés quotidiennement au travail est importante pour 90 % des personnes.

– souligner l'apport des employés de l'ombre qui œuvrent notamment au soutien technique ou administratif ;

- reconnaître les risques que les employés prennent pour mener à bien leur travail et l'énergie qu'ils déploient ;
- reconnaître la valeur des idées d'un employé, même lorsque ces dernières ne pourront se concrétiser.

Reconnaître les résultats

Cette forme de reconnaissance porte principalement sur la contribution du personnel à l'atteinte des objectifs stratégiques de l'entreprise. Il s'agit d'un jugement, d'une appréciation formulée à l'endroit d'un individu ou d'une équipe concernant l'utilité, le rendement, la productivité ou la performance en regard du travail accompli. Les pratiques de reconnaissance suivantes figurent parmi les plus connues :

- entretien d'évaluation de rendement ;
- prime lorsqu'un objectif particulier est atteint ;
- bonus accordés pour des contributions exceptionnelles ;
- mise en évidence d'une belle réussite durant une réunion d'équipe.

La reconnaissance des idées et les attitudes positives au travail constituent des éléments majeurs pour 85 % des personnes.

Il convient de souligner que la reconnaissance ne se manifeste pas uniquement par des gestes ou des paroles portant l'étiquette « reconnaissance », comme « Merci ! », « Bravo pour ton travail ! », « Continue, c'est excellent ! » La reconnaissance au travail peut aussi s'exprimer quotidiennement à travers de simples pratiques de management et de travail. Puisque le travail se fait tous les jours, la reconnaissance doit aussi, dans la mesure du possible, s'exprimer au quotidien. Ce qui signifie qu'il ne faut pas être un expert en matière de reconnaissance pour en faire usage. Que nous le voulions ou non, nos actions, nos décisions et nos paroles expriment chaque jour de la reconnaissance.

Quand un directeur augmente le budget d'un de ses managers, quand un chef d'équipe demande à un employé de l'accompagner chez un client puisque c'est lui le spécialiste, quand un technicien consulte un ouvrier pour mieux connaître la séquence

Il ne faut pas être un expert en matière de reconnaissance pour en faire usage.

des activités de production et quand un employé montre à un jeune apprenti comment faire une tâche complexe, nous avons là des manifestations de reconnaissance qui sont intégrées aux pratiques de management et de travail. C'est en arrière-plan de ces actions ou de ces paroles que se situe aussi la reconnaissance. Il est donc important de la mettre au jour et de montrer aux managers, comme aux employés, que la reconnaissance prend diverses formes et que chacun en fait usage sans vraiment le savoir.

De manière générale, on conçoit la reconnaissance comme un geste qu'on pose envers une personne. C'est en effet la base de la reconnaissance. Toutefois, au cours de centaines de discussions que j'ai eues avec des employés et des managers, j'ai souvent entendu les phrases suivantes : « Notre service n'est pas reconnu ! », « Nous, les ouvriers spécialisés, nous sommes la cinquième roue du carrosse ! », « Ici, une secrétaire ça ne compte pas, c'est comme si elle n'existait pas ! »

Ces commentaires font référence aussi à la reconnaissance au travail, mais surtout au manque de reconnaissance d'un métier, d'un groupe ou d'un secteur particulier. Il faut donc porter une attention particulière à cette dimension collective de la reconnaissance, car le travail d'équipe est de nos jours essentiel, et la collaboration entre les services d'une même organisation est la clé du succès en matière d'efficacité. Un exemple de reconnaissance de métier me revient à la mémoire.

Une grande université canadienne avait organisé un colloque destiné spécialement aux secrétaires des facultés et des services. Sur environ 600 secrétaires, 563 s'étaient inscrites. Cet événement était l'occasion de remercier le personnel, et le recteur accompagné de son équipe de direction accueillait les invitées à l'entrée. Puis une conférence sur la reconnaissance était présentée, un exercice de groupe permettait de vivre une expérience de reconnaissance et, à la fin, chacune des participantes recevait une fleur. Le message essentiel était le suivant : « L'université fonctionne parce que vous êtes là. Merci ! » Ce colloque destiné au métier de secrétaire, qui s'inscrivait dans une vaste stratégie d'implantation d'une culture de reconnaissance au travail, a été très apprécié comme en font foi les commentaires suivants :

« Je me sens privilégiée d'avoir pu être présente à un tel événement. Cela procure un sentiment d'appartenance à l'université. Cela m'encourage et me motive à donner mon maximum. »

« On sent que l'université fait un gros effort pour promouvoir la reconnaissance du personnel de soutien. Je crois que l'université est sur la bonne voie pour conserver son personnel et le garder heureux. »

« Je repars pleine d'énergie, motivée, positive et, surtout, centrée sur l'essentiel : reconnaître ! »

Cela a connu un tel succès que d'autres groupes de métiers ont demandé qu'un événement semblable soit également organisé pour eux. Ainsi, depuis trois ans, cinq colloques de ce genre ont eu lieu et plus de 1 500 employés y ont participé.

Si la reconnaissance est souvent l'expression de la satisfaction ou de la gratitude, elle peut être aussi une rétroaction constructive, un rappel à l'ordre ou encore un ajustement demandé. En effet, il ne faut pas perdre de vue que la reconnaissance au travail est d'abord et avant tout un jugement honnête d'une personne ou d'une tâche.

Pour être considéré comme crédible, authentique et produire un effet, il faut faire un usage mesuré de la reconnaissance et savoir porter un jugement sur ce qui est bon ou moins bon, bien ou mal, adéquat ou inadéquat, efficace ou inefficace. Ce qui veut dire qu'on ne peut pas reconnaître tout le monde de la même manière.

Au cours d'une intervention avec une équipe d'infirmières dans un grand centre hospitalier, l'une d'elles m'a fait la remarque suivante : « Nous sommes six personnes dans ce service, il y en a une qui travaille très peu et a toujours des prétextes pour se défiler des tâches ingrates. La chef de service ne fait rien pour corriger la situation ! Tolérer cette situation, c'est de la non-reconnaissance. Pensez-vous qu'on a envie de se donner au travail ? Non ! Travailler beaucoup ou peu, ça ne fait aucune différence ! »

> *« Il faut reconnaître la qualité et la quantité de travail effectué par une personne. Actuellement, tout le monde est évalué de la même manière, même les personnes qui travaillent mal ou peu. Ça, ce n'est pas de la véritable reconnaissance ! »*
>
> *Une infirmière.*

Ne pas régler ce problème, ne pas faire part de son insatisfaction à cette employée qui connaît des problèmes de productivité, est un geste de non-reconnaissance pour le reste de l'équipe. Ce genre de situation n'est pas exceptionnel ; nous l'avons régulièrement vu ou entendu. Reconnaître, ce n'est donc pas uniquement souligner ce qui va bien, c'est aussi souligner, de manière constructive, ce qui ne va pas, ce qu'il faut changer ou ce qu'il faut cesser. Ce type d'intervention a pour effet que la reconnaissance est considérée comme plus authentique et, du même coup, règle un problème d'iniquité perçu comme une marque de non-reconnaissance.

Pour aider cette infirmière et son équipe, je suis intervenu auprès de la responsable de service dans le but de lui faire part de la situation. L'employée peu performante a été rencontrée et des attentes claires ont été formulées à son égard. Les autres membres de l'équipe ont exprimé leur satisfaction et leur gratitude à leur chef de service, qui avait reconnu leur problème.

Comme vous avez pu le constater jusqu'à maintenant, la reconnaissance au travail est de plus en plus reconnue comme étant une pratique de management pertinente. Néanmoins, de nombreuses organisations cherchent encore à en saisir les multiples conséquences.

La reconnaissance : un puissant levier

La reconnaissance au travail est un catalyseur pour inciter une personne à réaliser une tâche. Il suffit de penser à un enfant de cinq ans qui fait un dessin à sa mère et le lui montre. Sa mère lui demande :

— Qu'est-ce que c'est ?

— C'est notre maison, papa, maman, moi et notre chien, répond l'enfant.

— Il est très joli ton dessin, nous allons le coller sur le frigo, propose la mère avec un grand sourire.

Il n'en faut pas plus pour que l'enfant fasse appel à sa créativité et tapisse le frigo en entier ainsi que les murs puisqu'il n'y avait plus de place ! « Il est très joli ton dessin ! » Six mots. Il n'en fallait pas plus pour stimuler le travail artistique de cet enfant. La simplicité de cet acte de reconnaissance est sans mesure comparativement à son effet sur l'enfant. Souvent, ce que les employés et les managers demandent se résume à quelques mots : Merci ! Bravo pour ton travail ! En passant, tu as fait un bon coup hier ! Félicitations !

« Un bon travail commence par la confiance en soi, et celle-ci n'est acquise que lorsque les gens se sentent valorisés et importants. »

Une secrétaire.

La reconnaissance est aussi un moteur pour la santé, elle donne de l'énergie et la force de poursuivre son œuvre, son travail, le service qu'on doit rendre. Je me rappelle de l'importante tempête de verglas au Québec, qui avait provoqué des pannes d'électricité pendant plusieurs semaines. Un monteur de lignes et son équipe avaient travaillé seize heures d'affilée. Vers la fin de cette dure journée de travail, ils sont parvenus à rétablir le courant dans un secteur résidentiel.

Constatant le retour de l'électricité, les résidents du quartier sont sortis de leurs maisons et ont applaudi les monteurs de ligne. Les gens, spontanément et dans un geste qui se voulait simple, chaleureux et rempli de gratitude, leur apportaient du café, des gâteaux, une bonne soupe chaude.

Ce monteur, qui se sentait littéralement épuisé et vidé à la fin de ses seize heures de travail, m'a dit : « Quand les gens sont sortis de chez eux en nous applaudissant et en nous offrant à boire et à manger, c'est comme si on venait de recharger mes batteries. J'étais prêt à continuer mon travail ! C'est bon pour le moral, ces marques de reconnaissance spontanées ! »

Si la reconnaissance est un puissant levier pour mobiliser les gens et les garder en bonne santé, le manque de reconnaissance a aussi des effets contraires. Durant les entrevues que j'ai réalisées dans le cadre de mes recherches pour mieux comprendre comment la reconnaissance était vécue, j'ai eu l'occasion de m'entretenir avec une responsable de projet qui travaillait pour une importante firme de construction. Voici ce qu'elle me disait :

« L'automne dernier, mon équipe et moi avons travaillé très dur pour tenter d'obtenir un contrat pour la construction d'une usine. Il nous a fallu environ cinq mois de travail intense. Nous voulions obtenir ce contrat, c'était une occasion unique qui se présente très rarement.

« Malheureusement, notre offre a été refusée au bénéfice d'un de nos concurrents. Non pas que notre travail a été mal fait ou les coûts surestimés. La raison est assez simple : nos coûts de fonctionnement de base sont plus élevés, nous sommes une grosse organisation et cela ne comporte pas toujours que des avantages !

« Quand nous avons su que le contrat ne nous était pas octroyé, mon patron a débarqué dans mon bureau pour me vilipender au sujet de cette perte importante, en me demandant ce qu'on avait bien pu faire pour perdre ce contrat ! Je vous passe les détails de ses propos… Vous savez, les gens dans la construction ne sont pas toujours des enfants de chœur ! Après son départ, j'étais bouleversée et en furie. Je me suis alors dit que plus jamais nous ne nous investirions autant, car il n'en valait pas la peine ! »

En poursuivant notre discussion, j'ai compris ce que représentait le risque de ne reconnaître que les résultats obtenus et de ne pas reconnaître les efforts de chacun. Dans le cas de cette responsable de projet, le travail avait été immense. D'accord, le résultat n'était pas reluisant, mais le travail avait été fait et bien fait. La perte du contrat ne dépendait pas de la qualité de leur travail, mais de la proposition du concurrent. Malheureusement, son patron n'a pas su reconnaître ce travail, trop préoccupé par le résultat ou, dans ce cas-ci, le non-résultat.

L'effet s'est tout de même fait sentir, car la non-reconnaissance de leur investissement dans le travail et, par le fait même, la critique injuste qu'ils ont dû subir ont entraîné une démobilisation de la responsable et de son équipe. Elle me dit, en terminant la conversation : « Cette histoire me laisse un goût amer ; je ne vois plus l'entreprise de la même manière. Si vous pensez que maintenant je vais m'investir autant, oubliez ça ! »

Cette dernière phrase résume bien l'effet de la non-reconnaissance et permet d'illustrer précisément comment et à quel moment la rupture entre l'organisation et la personne s'est produite. Aux dernières nouvelles, cette responsable de projet venait de quitter son employeur.

> *« Si on ne dit pas aux personnes qu'on les apprécie, elles vont penser l'inverse. »*
>
> A.C. Daniels
> *(traduction libre)*

En effet, la personne qui n'a pas reçu de reconnaissance se tournera vers ceux et celles qui pourront lui en témoigner. Ainsi, il n'est pas rare de voir des employés tourner le dos à un patron qui ne reconnaît pas leur contribution et commenter les moindres gestes et propos de ce dernier. Ce climat néfaste, systématiquement empreint de négativisme, ouvre la voie à des collusions contre le manager, même si celles-ci viennent rarement d'employés mal intentionnés. Il s'agit plutôt des conséquences d'un mauvais climat de travail qui prend souvent sa source dans la non-reconnaissance réciproque entre les employés et les managers. Agir sur la reconnaissance permet donc de rétablir une communication saine et enrichissante entre les deux parties.

Dans l'état actuel des connaissances qui portent sur le lien entre le management des personnes et le bien-être au travail, on sait que le manque de reconnaissance peut avoir des effets dévastateurs sur la santé, et particulièrement sur l'apparition de maladies cardiovasculaires[1]. Comment expliquer ce lien ? Le travail, qu'on le veuille ou non, exige un investissement et un effort. Cet investissement de soi au quotidien entraîne une dépense d'énergie qui doit être compensée d'une manière ou d'une autre. La plupart des gens recherchent, avec raison, cette compensation dans leur lieu de travail.

Cette compensation s'appelle la reconnaissance au travail, qui, comme vous l'avez vu dans l'exemple des monteurs de lignes, constitue un facteur positif pour la santé. En revanche, elle est aussi un facteur négatif lorsque la reconnaissance est absente, comme dans le cas de la chef de projet de l'entrepreneur en construction. La santé se construit donc grâce aux relations positives que nous entretenons et aux paroles que nous adressons aux employés et aux collègues qui nous entourent. Voilà la puissance de la reconnaissance au travail.

Un manque important de reconnaissance au travail multiplie par quatre le risque de vivre une grande détresse psychologique.

Si le manque de reconnaissance entraîne des effets négatifs sur la santé physique de la personne, elle a aussi des effets sur la santé psychologique. Certaines recherches[2] montrent que le manque de reconnaissance est le deuxième facteur de risque qui menace la santé psychologique et

1. SIEGRIST, J. « Adverse Health Effects of High-Effort/Low-Reward Conditions », *Journal of Occupational Health Psycholgy*, vol. 1, 1996, p. 27-41.
2. BRUN, J.-P., BIRON, C., MARTEL, J. et IVERS, H. Évaluation de la santé mentale au travail : une analyse des pratiques de gestion des ressources humaines (Assessment of Occupational Mental Health : An Analysis of Human Resources Management Practices), Études et recherches / rapport R-342, Montréal, Institut de recherches Robert-Sauvé en santé et sécurité du travail, Montréal, 2003, 100 p.

que les gens qui subissent un manque conséquent de reconnaissance au travail courent quatre fois plus de risques de vivre une grande détresse psychologique. Les effets d'un manque de reconnaissance se font aussi sentir sur le plan des comportements. Une importante étude britannique[1] a montré une association directe entre le manque de reconnaissance et l'augmentation de l'absentéisme et de la consommation d'alcool. Il s'agit là non seulement d'une évidence scientifique, mais aussi d'un fait connu et reconnu, régulièrement présenté au cinéma : un homme qui ne se sent pas reconnu va noyer son chagrin dans l'alcool et s'absenter du travail le lendemain.

Par ailleurs, la reconnaissance a aussi des effets positifs sur celui qui l'exprime. Rappelez-vous l'exemple du vice-président qui s'entretient régulièrement avec ses collaborateurs de la plate-forme d'appel, et souvenez-vous aussi de mon histoire avec le chauffeur d'autobus londonien. En fait, dans toutes mes interventions auprès des organisations, il ressort clairement que les personnes qui font preuve d'un bon usage de la reconnaissance au travail sont considérées comme des personnes possédant des compétences sociales fortes et génèrent facilement un sentiment de confiance, de loyauté et le désir de travailler pour et avec cette personne. Combien de fois ai-je entendu le commentaire suivant : « J'aimerais vraiment travailler pour ce manager : il sait apprécier les personnes avec qui il travaille ! »

En résumé, il faut retenir le caractère essentiel de la reconnaissance comme source de motivation, comme levier de développement des personnes, comme facteur positif des relations interpersonnelles et comme un des pivots de la santé physique et mentale au travail. La reconnaissance influe positivement sur la productivité et la qualité des services, sans oublier son rôle non négligeable dans le succès et la péren-

1. STANSFELD, S., HEAD, J. et MARMOT, M. Work-related factors and Ill Health : The Whitehall II Study, HSE Books, 2000.

nité des organisations. En fait, elle donne un sens au travail de la personne, et de la valeur à ce qu'elle fait. La reconnaissance au travail est, en quelque sorte, un compagnon indispensable pour l'employé et pour l'entreprise.

Où en êtes-vous ?

Certaines conditions doivent être réunies pour garantir le succès de l'implantation d'une culture de reconnaissance au travail. Dans mes interventions, les pratiques suivantes ressortent comme étant les plus déterminantes. En remplissant la grille d'autodiagnostic ci-dessous, vous aurez un aperçu rapide du degré de développement d'une culture de reconnaissance dans votre organisation.

outil de diagnostic

Remplissez la grille à l'aide de la légende ci-dessous.

100 %	Nous sommes souvent en position de leader dans cette pratique ; nous pourrions nous améliorer, mais très peu.
80 %	Nous sommes souvent en position de leader dans cette pratique ; nous pourrions nous améliorer légèrement.
70 %	Nous sommes parfois en position de leader dans cette pratique ; nous devrions nous améliorer.
50 %	Nous sommes très peu en position de leader dans cette pratique ; nous pourrions nous améliorer de beaucoup.
30 %	Nous ne sommes aucunement en position de leader dans cette pratique ; nous pourrions nous améliorer considérablement.

PRATIQUES DE LEADERSHIP, DE MANAGEMENT OU DE TRAVAIL		%
LEADERSHIP	1. La direction générale définit des valeurs, des politiques, des directives ou des énoncés clairs en matière de reconnaissance au travail.	
	2. La direction générale est la première à s'impliquer activement dans les activités de reconnaissance, sa présence est forte et régulière.	
PRATIQUES DE MANAGEMENT	3. Les managers ont des pratiques de management qui sont clairement orientées vers la reconnaissance au travail : présence des managers, évaluation constructive et régulière des employés, actes de reconnaissance spontanés, etc.	
	4. Les pratiques de reconnaissance portent surtout sur la reconnaissance de l'investissement dans le travail (effort de la personne, contribution personnelle, etc.) et sur la reconnaissance de la personne (attitude positive, idées, etc.).	
PRATIQUES DE TRAVAIL	5. Les employés reconnaissent régulièrement le travail réalisé par leurs collègues.	
	6. Les employés reconnaissent régulièrement le travail réalisé par leurs managers.	

Une fois que vous aurez fait votre autodiagnostic, je vous suggère d'en discuter dans le contexte de votre choix (comité de direction, comité de management, groupe de travail, etc.) afin de développer une prise de conscience sur la reconnaissance au travail. Les observations qui découleront de cette réflexion serviront sûrement de leviers pour planifier et amorcer les changements désirés.

Foncez !

10 actions simples

➡ 1. Effectuer un sondage sur la reconnaissance

Un des premiers gestes de reconnaissance que peut poser une entreprise est de demander à ses employés et à ses managers, par l'entremise d'un sondage, quelles sont leurs pratiques de reconnaissance et comment ceux-ci aimeraient être reconnus. La reconnaissance ne doit pas être imposée. En consultant le personnel, on les inclut dans le processus de décision et on s'assure, par la même occasion, de répondre à leurs véritables besoins.

→ 2. Sensibiliser les managers et leurs collaborateurs

Pour que la reconnaissance soit intégrée à la culture organisationnelle, il est essentiel de sensibiliser les managers et leurs collaborateurs. Généralement, les employés et les managers ne mesurent pas l'effet de leurs gestes ou de leurs propos sur la reconnaissance au travail. Cette sensibilisation permettra d'aborder les diverses formes de reconnaissance, les moyens de la pratiquer, les conséquences positives et négatives et les obstacles pour s'opposer à sa mise en œuvre dans le quotidien.

→ 3. Intégrer la reconnaissance dans les critères d'évaluation des managers

Tout le monde est pour la reconnaissance au travail, comme tout le monde est pour les organismes de charité, mais ce n'est pas tout le monde qui donne, ni tout le monde qui reconnaît ! La reconnaissance doit être considérée comme une pratique de management fortement souhaitée de la part de l'entreprise. Dans cette perspective, il s'agit d'une fonction de management qui doit faire l'objet d'une évaluation. Les entreprises qui désirent implanter solidement une culture de reconnaissance au travail l'intégreront dans la liste de critères qui sert à l'évaluation des managers.

→ 4. Augmenter la présence des cadres et des managers

De plus en plus, ce sont les employés qui demandent à voir leur manager. Ces derniers sont souvent happés par les exigences de l'entreprise et ont plutôt tendance à travailler avec le haut de la ligne hiérarchique qu'avec les employés de la base. La présence du manager auprès de son équipe est une très bonne marque de reconnaissance et permet de connaître le travail de son équipe et d'y voir les nombreuses occasions de reconnaissance.

→ 5. Réduire l'importance des galas et des cérémonies

Les sondages que mon équipe et moi avons réalisés sur la reconnaissance montrent que les personnes interrogées veulent qu'on reconnaisse leurs efforts, leurs contributions, leur attitude positive, mais désirent toutefois qu'on mette moins d'accent sur les cadeaux, les galas et les cérémonies. Ces activités coûtent souvent très cher et leur impact est très limité. En fait, ce que les gens demandent, c'est une reconnaissance simple, manifestée au quotidien. À ce titre, il vaut mieux investir l'argent d'une soirée de reconnaissance dans des ateliers de formation ou de sensibilisation.

➡ 6. Mettre l'accent sur la reconnaissance au quotidien

Pour être pleinement efficace, la reconnaissance doit être exprimée régulièrement et le plus souvent possible. Ce que les gens demandent durant mes interventions, c'est que la reconnaissance se fasse simplement et au quotidien, car elle est ainsi exprimée plus rapidement à la suite d'une action ou d'un résultat qu'on désire souligner. Si l'organisation vise à implanter une culture de reconnaissance, elle y parviendra seulement si de telles pratiques se glissent dans les activités quotidiennes.

➡ 7. Diffuser du matériel d'information

La reconnaissance doit faire l'objet d'une éducation populaire auprès des managers et des employés. Il faut donc régulièrement en parler, offrir des documents de soutien, organiser des conférences, etc. Trois stratégies doivent être utilisées : communiquer, communiquer et communiquer !

➡ 8. Augmenter les échanges entre les services de l'entreprise

Les processus administratifs et commerciaux sont souvent représentés par des diagrammes où tout semble parfaitement lié. Dans les faits, ce n'est que rarement le cas. Les services administratifs et commerciaux ont tendance à ne pas bien connaître le travail de ceux qui sont en amont ou en aval. On se rejette mutuellement la faute et on communique très peu ; chacun considérant à la fois qu'il est le plus important et le moins reconnu. L'implantation d'une culture de reconnaissance passe aussi par une meilleure connaissance du travail des autres composantes de l'entreprise. L'organisation de séminaires pour présenter l'implication de chaque service administratif ou commercial à partir d'un dossier concret est une activité qui permet de mieux se connaître et, ensuite, de se reconnaître.

➡ 9. Insister sur la reconnaissance des employés exprimée à leur manager

De manière spontanée, la reconnaissance au travail est perçue comme une responsabilité de la ligne hiérarchique : les managers doivent reconnaître leurs collaborateurs. C'est en effet une part importante de la reconnaissance, mais ce n'est pas la seule. La reconnaissance est d'abord et avant tout une responsabilité humaine qui n'est pas liée à un titre ou à un grade. Elle doit aussi se manifester de la base vers le haut de l'échelle. Ce principe doit être clairement énoncé et discuté avec les employés pour que ces derniers mesurent et saisissent bien le rôle actif qu'ils doivent jouer dans l'implantation d'une culture de reconnaissance dans leur entreprise.

→ 10. Discuter des obstacles qui nuisent à la reconnaissance

La reconnaissance se compose de gestes simples, mais qui sont parfois difficiles à mettre en œuvre pour toutes sortes de raisons. Il est donc essentiel de discuter de ces obstacles, de faire tomber les préjugés, de répondre aux inquiétudes et de donner les moyens pour que celles-ci s'expriment au quotidien. Il ne suffit pas d'être convaincu pour faire preuve de reconnaissance au travail, encore faut-il en avoir les capacités et les dispositions.

À RETENIR

- La reconnaissance ne doit pas être la conséquence de la performance au travail, mais sa cause.
- La reconnaissance au travail doit s'exprimer quotidiennement par de simples pratiques de management et de travail.
- Être présent auprès de son équipe et de ses collaborateurs, s'intéresser à ce qu'ils font, poser des questions pour mieux comprendre leur travail, tout cela a un effet important sur le sentiment d'être reconnu.
- Un des grands défis des entreprises est d'augmenter le temps de présence des managers auprès de leurs collaborateurs.
- Les modes de rémunération et la reconnaissance pécuniaire ne sont pas les meilleurs leviers pour augmenter la performance de l'entreprise.
- Les personnes qui font un bon usage de la reconnaissance au travail sont du même coup considérées comme des personnes possédant des compétences sociales fortes et génèrent un sentiment de confiance, de loyauté et le désir de travailler.

- La reconnaissance est un moteur pour la santé, elle donne de l'énergie et la force de poursuivre son travail.
- Agir sur la reconnaissance permet de rétablir une communication saine et enrichissante entre les employés et les managers.
- Les personnes qui subissent un manque important de reconnaissance au travail courent quatre fois plus de risque de vivre une grande détresse psychologique.
- La reconnaissance est une source de motivation, un levier de développement des personnes, un facteur positif de relations interpersonnelles ; elle influence positivement la productivité et la qualité des services, et joue un rôle capital dans le succès et la pérennité des entreprises.

Chapitre 3

Soutenez vos collaborateurs

Au cours de mon étude de terrain effectuée auprès des monteurs de lignes, j'ai eu une longue discussion avec un chef monteur au sujet de l'importance du soutien entre collègues. Voici comment il résumait le rôle du soutien social comme facteur de santé, de sécurité et d'efficacité organisationnelle : « Comme monteur de lignes, il faut travailler dans un environnement à risque, avec la présence constante de l'électricité et l'exigence de travailler en hauteur, dans les poteaux électriques. Le travail se fait toujours en équipe, on ne peut pas penser au travail tout seul : il faut parler, se coordonner, coopérer, regarder le travail de son collègue et le conseiller. Pour que toutes ces conditions soient réunies, il faut pouvoir compter sur les autres monteurs, avoir une bonne relation, communiquer facilement et les connaître depuis assez longtemps. Il faut constamment se soucier d'eux et ils doivent faire de même. Quand ces conditions sont remplies, on est heureux et le travail se fait à merveille ! »

Très intéressé par ses propos, j'ai voulu en savoir plus et je lui ai demandé s'il préférait travailler avec un monteur moins expérimenté ou avec un monteur très expérimenté avec lequel il s'entend moins bien. Si j'ai posé cette question, c'est que, dans bien des entreprises, on met l'accent sur la compétence des individus. Ce critère est bien sûr essentiel, mais il occulte souvent toute l'importance des relations dans une équipe de travail.

L'efficacité d'une équipe dépend de l'expertise de ses membres, mais surtout de la capacité de coordonner ces expertises, de se relayer en fonction de la connaissance qu'on a des compétences des collègues. Malgré l'importance de ces dimensions relationnelles, les entreprises investissent beaucoup moins d'efforts, de ressources et d'argent dans le développement et la consolidation des équipes que dans le développement des compétences techniques. À preuve, la plupart des entreprises disposent de plans et de programmes très détaillés sur le développement des compétences des employés. On trouve même des employés et des spécialistes qui sont spécifiquement assignés à définir les compétences nécessaires pour chaque catégorie d'emploi. Toutefois, je ne connais pas d'entreprise qui possède les mêmes encadrements (politiques, directives, etc.) et les mêmes ressources sur le plan des relations sociales dans les équipes de travail.

Je crois qu'il faut rééquilibrer le poids qu'on accorde aux compétences techniques comparativement au poids accordé à l'établissement de saines relations dans une équipe de travail. Mon expérience et mes échanges avec de nombreux managers montrent clairement qu'une équipe compétente mais morcelée, ou qui communique mal, est peu efficace, voire dangereuse pour les employés et pour l'entreprise.

Revenons à cette discussion avec le chef monteur. En réponse à ma question visant à savoir quel serait son choix entre l'expérience de son collègue ou sa relation avec celui-ci, il a dit : « Sans hésitation, je choisis le monteur moins expérimenté. C'est moins dangereux de travailler avec une personne qui en connaît moins qu'avec une personne avec qui on ne s'entend pas. Il suffit d'une fois ! Supposons que tu as eu un accrochage avec lui et qu'il décide de ne pas te parler, ni de regarder ton travail, tu cours un grave danger, et il ne le verra peut-être pas. Je ne prends pas de risque ! Pour rester en vie et bien faire le travail, je choisis le moins compétent. Je préfère lui montrer le travail, et même en faire plus pendant un certain temps ! »

J'ai voulu vous relater cette conversation, car elle montre bien l'importance des relations humaines et du soutien social comme ingrédients essentiels du bien-être au travail et de l'efficacité en entreprise. En effet, l'être humain est un être de relation, nous avons tous besoin du contact de l'autre, de sa reconnaissance et aussi de son soutien.

Ces trois dimensions sont non seulement des besoins, mais elles constituent aussi des facteurs de santé lorsqu'elles sont suffisamment présentes et de qualité, ou des facteurs de risque lorsqu'elles sont absentes ou mal utilisées. Les personnes interrogées lors de mes sondages en font aussi mention dans leurs commentaires : le soutien social fait partie de 13 % de tous les commentaires recueillis.

Qu'est-ce que le soutien social ?

Au-delà de la simple recommandation de développer le soutien social, quels sont les leviers présents dans l'entreprise pour favoriser son développement ? Dans la suite de mes propos, j'insisterai sur deux leviers qui me semblent les plus importants : le soutien instrumental (centré sur la tâche) et le soutien émotionnel (centré sur la personne).

Le soutien instrumental aide à résoudre les problèmes rencontrés dans la réalisation des tâches qui nous sont assignées. Dans le cadre d'un projet-pilote réalisé en entreprise, portant sur le développement des compétences des managers, j'ai pu constater l'importance du soutien social et des réseaux dans la résolution des problèmes. Les contremaîtres de cette entreprise se sentaient isolés, avaient peu d'occasions d'échanger entre eux sur leurs problèmes, peu de moyens pour prendre du recul et de rares possibilités de discuter ensemble.

Après quelques rencontres, les contremaîtres ont proposé de se rencontrer une fois par mois, au petit-déjeuner, pour échanger sur des sujets liés aux problèmes qu'ils vivent. Ils ne voulaient pas d'ordre du jour, pas de conférences, ni de dossiers prioritaires à discuter ; ils voulaient du temps pour échanger sur leur quotidien. Comment gérer les ajustements multiples à la suite d'un changement ? Que faire pour résoudre un conflit entre deux employés ? Quelle stratégie adopter pour augmenter son budget ? Que comprendre de la dernière directive d'approvisionnement ? Après plusieurs petits-déjeuners, leurs commentaires sur cette activité étaient tous très positifs :

« Nous avons enfin un endroit pour parler entre nous, sans employés et sans patron ! »

« J'y ai trouvé de très bons conseils pour résoudre un problème pour lequel je ne voyais pas d'issue ! »

« Je ne rate pas ces rencontres, c'est mieux que du coaching et moins cher ! »

Cette initiative des contremaîtres montre bien l'impact du soutien mutuel qui donne des idées, des conseils, de la force et du courage pour mieux remplir son rôle au quotidien. Dans ce cas, favoriser les échanges et les relations semble tout aussi bénéfique qu'un plan de formation destiné aux contremaîtres.

Le soutien social, qui passe par la création de relations sociales stables et positives, offre aussi un accompagnement émotionnel (centré sur la personne) positif et régulier qui favorise le bien-être général et la santé au travail. Il nous arrive tous de vivre des moments difficiles au travail : un commentaire d'un collègue nous blesse, une discussion avec un client est difficile et nous laisse tendu, une décision de l'entreprise va à l'encontre de nos valeurs ou un comportement d'un employé nous laisse un goût amer.

En règle générale, notre première réaction, saine, sera d'en parler à un collègue. Nous allons lui raconter l'événement, lui dire comment nous nous sommes sentis. De son côté, il nous écoutera et peut-être nous conseillera-t-il et, dans les deux cas, il nous fera du bien émotionnellement et nous aidera à surmonter cette difficulté. Cette réaction est généralement spontanée, car chaque individu ne dispose pas de toutes les ressources nécessaires pour faire face à l'ensemble des événements de la vie personnelle ou professionnelle. C'est ici que les différences entre les gens sont importantes et se complètent pour être en mesure de composer avec les divers aléas de la vie.

Qu'il soit instrumental ou émotionnel, le soutien social peut se manifester de quatre manières différentes :

1. le soutien du réseau social ;

2. le soutien du manager ;

3. le soutien aux managers ;

4. le soutien de l'entreprise.

Le soutien du réseau social

Ce soutien se concrétise par divers liens entre des personnes : une équipe, un collectif, une association, un service constituent des réseaux sociaux plus ou moins solides. Ces manières d'être ensemble offrent des expériences positives et régulières ainsi qu'une stabilité et une continuité qui favorisent la santé des personnes et leur efficacité au travail. On en mesure bien l'importance par le biais du commentaire d'un professeur : « Nous formons une belle équipe. Nous nous entendons bien, et l'entraide est spontanée. Pour moi, chaque matin, c'est un plaisir de retrouver mes collègues. C'est tellement important et stimulant ! »

Par ailleurs, le réseau social est un excellent moyen de modérer les effets d'une expérience négative (parler de ses problèmes), valoriser une expérience positive (féliciter pour une réussite), contrer l'intention de quitter son emploi et, par le fait même, prévenir le *turnover*. En parlant de notre désir de partir, nos collègues pourront nous encourager à rester, nous aider à régler le problème ou nous conseiller sur les options possibles.

De manière générale, le réseau social dans l'entreprise prend naissance dans les groupes de travail (équipes, collectifs, etc.). Malheureusement, de nos jours, ces groupes sont bien mal en point. Dans les directions des ressources humaines, on parle de plus en plus d'effritement des collectifs, de démobilisation des équipes, de la disparition du « nous » au profit du « je ». L'individualisme prévaut.

Une infirmière a bien exprimé ce problème : « Maintenant, c'est chacun pour soi ! On est tellement débordées qu'on ne voit pas ses collègues et on ne sait donc pas si celles-ci ont besoin d'aide. Quand il faut demander de l'aide, c'est gênant, car nos collègues aussi sont débordées. Alors, on s'arrange toute seule ; parfois on manque son coup ou on se fait mal au dos ! Il faut donner plus d'importance aux équipes ! »

Dans bien des milieux de travail, on peut observer le paradoxe suivant : on intensifie le travail, on diminue les ressources et, du coup, on tient un discours sur le bien-fondé des relations, de la coopération et de la collaboration. Il y a là un grave conflit entre les exigences de production et celles des relations. Les échanges au travail se font non plus sur la base de relations avec les personnes, mais plutôt sous la forme de transactions. J'entends par transaction un monde du travail où on échange de l'information, où on transige en échangeant questions et réponses, sans toutefois entrer dans une relation qui permet de connaître son interlocuteur.

Pour bien saisir la différence entre relation et transaction, vous n'avez qu'à penser aux échanges que vous avez dans un magasin, dans un restaurant ou à un guichet d'information. Ce type d'échange bref, ciblé sur un point précis et qui ne touche pas notre personne, est de plus en plus présent au travail. C'est comme si au lieu d'être avec les gens, nous étions à côté. Il est donc urgent de s'aménager des moments après une réunion, au cours d'un repas ou durant une pause pour échanger avec son entourage et passer en mode relation.

Si le réseau social est important, il doit être assorti d'une bonne intégration. Ce n'est pas tout d'avoir une équipe, un collectif ou quelques collègues sur qui on peut compter. Il faut aussi être bien intégré dans ces réseaux, avoir des liens forts et durables, partager un historique qui stabilise les équipes et qui, par la même occasion, agit sur la qualité du soutien social. Les équipes dont la composition est instable, les membres des collectifs qui sont de passage, parce qu'à temps partiel ou provenant de sous-traitants occasionnels, les réorganisations trop fréquentes des services sont des facteurs qui nuisent à l'établissement de soutien solide.

Sans tomber dans un immobilisme total, il est primordial de stabiliser les réseaux et les équipes de travail. Cela a été la décision d'un centre hospitalier universitaire, qui s'est donné pour mission de consolider les équipes d'infirmières en réduisant les postes à temps partiel et en faisant appel aux mêmes remplaçants afin de maintenir une cohésion et une entraide plus forte au sein des équipes.

Le soutien du manager

Le soutien du manager est une clé essentielle du soutien social. Aux yeux des employés, les managers sont presque toujours considérés comme les représentants de l'entreprise. Ce sont eux qui dirigent et qui évaluent le travail et les personnes. Leurs pratiques et leurs attitudes expriment non seulement leur soutien aux employés, mais aussi celui de l'entreprise tout entière. En effet, j'ai assez souvent entendu des personnes me dire « Ici, l'entreprise ne nous soutient pas ! » pour réaliser, après une courte discussion, que cet employé parlait surtout de son supérieur immédiat. Trop souvent, on confond les termes manager et entreprise, et on étend l'opinion qu'on a d'un manager à l'ensemble de l'entreprise !

Quand le manager aide ses collaborateurs lorsque surviennent des difficultés ou des tâches particulièrement ardues, ceux-ci se sentent généralement soutenus. Donner aux personnes les ressources nécessaires pour faire leur travail, les aider à résoudre des problèmes, les conseiller, les reconnaître et les défendre sont des gestes qui apportent clairement un soutien à la personne et à la réalisation de son travail.

Un de mes amis est directeur régional d'une entreprise de services financiers. Tout récemment, il a été promu vice-président. Cette nomination s'explique par ses compétences professionnelles, les bons résultats de son bureau régional et aussi par ses grandes qualités, notamment celle d'offrir un excellent soutien à ses collègues et à son personnel. L'importance qu'il accorde au soutien social fait de lui un manager qui mobilise fortement ses troupes, ce qui contribue indéniablement à l'établissement d'un climat de bien-être et à l'efficacité de son entreprise.

Le rôle de soutien que doit assumer un manager ne signifie pas adopter une gestion passive ou dire oui à toutes les demandes. Soutenir ses collaborateurs, c'est aussi utiliser son pouvoir de décision et assumer son statut hiérarchique, par exemple pour demander à un employé de changer son attitude d'intolérance vis-à-vis de certains collègues. C'est exiger d'un employé qu'il respecte les horaires de travail comme le font ses collègues. Par moments, le soutien social se transmet donc par des gestes de reconnaissance et de compassion, alors qu'à d'autres occasions, c'est en faisant preuve d'autorité et d'équité que le manager apportera un soutien à ses collaborateurs.

Le soutien aux managers

Le soutien aux managers est un aspect très souvent négligé. Mes recherches et mes interventions en entreprise m'ont démontré qu'il s'agit en effet d'une situation fréquente. Il est plus facile de s'entendre sur le devoir du manager, qui est de soutenir ses collaborateurs, que sur le devoir de l'entreprise, qui est de soutenir ses managers.

Au cours d'une intervention qui visait l'amélioration des conditions de travail d'employés de bureau d'une grande banque, les chefs d'équipes mentionnaient qu'eux aussi avaient bien besoin de ce type d'aide et que, trop souvent, on pensait aux employés, mais on oubliait les managers. En effet, on a trop tendance à voir le manager comme le fournisseur de soutien social, mais lui aussi a besoin de ce soutien. Bien des managers ne se sentent pas beaucoup appuyés dans les moments difficiles.

Dans une chaîne de distribution alimentaire, où je réalisais une intervention sur le bien-être des cadres supérieurs, l'importance de ce soutien a été soulevée régulièrement. Un premier directeur m'a donné l'exemple suivant : « Il y a quelques mois, j'ai dû suspendre un collaborateur pour une semaine, car je l'ai surpris en train de dormir dans un coin de l'entrepôt. Il n'en était pas à son premier avertissement, mais là, il avait dépassé les bornes. Le lendemain de cette suspension, le service des ressources humaines m'a appelé en me disant que je devais réintégrer ce collaborateur pour éviter une procédure longue et coûteuse pour l'entreprise. Je n'en revenais pas ! Je n'ai eu aucun soutien de l'entreprise et, par-dessus tout, ils ont annulé ma décision sans même m'en parler ! C'est un coup dur ! Comment voulez-vous ensuite que je me fasse respecter comme manager ? »

Un second directeur a évoqué le problème qu'il avait eu avec un client concernant le retour d'une bouteille de vin : « Un individu est venu acheter une bouteille de vin et il l'a rapportée deux jours plus tard en demandant un remboursement ou un échange. La bouteille était vide aux deux tiers, et le client m'a dit que le vin était bouchonné. À l'odeur, j'ai eu un doute. Je me suis dirigé vers l'entrepôt avec la bouteille pour demander l'avis de mon adjoint. Nous étions unanimes, ce n'était pas le même vin. »

Intrigué, j'ai demandé des précisions à mon collègue. Il m'a alors expliqué qu'il arrive que des personnes achètent une bouteille de vin, pour ensuite en remplacer le contenu par un vin de moindre qualité afin d'obtenir une bouteille gratuite. Dans l'histoire qu'il me racontait, il avait refusé l'échange, et le client était reparti avec sa bouteille déjà entamée aux deux tiers.

Voici la suite de son histoire : « Quelques jours plus tard, j'ai reçu un appel du service clients, qui avait reçu une plainte de ce même client. Vous n'en croirez pas vos oreilles. On me demandait de remplacer la bouteille du client, en présentant mes excuses. Je n'en revenais pas ! On ne respectait pas ma décision, le service clients n'avait pas vu le vin et, en plus, on donnait raison à un petit fraudeur… La devise qui dit que le client est roi a des limites ! »

Ces deux exemples illustrent à quel point il est indispensable d'affirmer et de maintenir un appui constant à son pool de managers. Il ne doit pas s'agir d'un appui de principe, mais d'un appui concret qui doit faire l'objet d'une stratégie de l'entreprise. Je vous encourage à développer le soutien aux managers, des plans d'actions, des ressources et des outils concrets qui dépasseront le simple slogan : « Nous sommes toujours là en cas de difficulté ! »

Le soutien de l'entreprise

L'entreprise a le droit d'exiger une certaine performance de la part de ses employés, mais elle a aussi le devoir de leur offrir son soutien. En réglant les problèmes, en éliminant des risques, en changeant l'organisation du travail ou en favorisant l'aménagement des horaires de travail, l'entreprise témoigne son soutien et, par conséquent, améliore le bien-être de ses employés et leur efficacité.

Qu'on soit employé, technicien, manager ou directeur, toutes les personnes ont une opinion sur le soutien de l'entreprise et apprécient à quel point celle-ci est préoccupée par leur bien-être. Les commentaires suivants en sont l'expression directe :

« Les patrons sont bons avec moi. Ils me demandent régulièrement comment je vais, si j'ai tout ce qu'il me faut, s'il y a des problèmes. Je sens qu'ils ne pensent pas juste aux clients, mais aussi à leurs collaborateurs. »

Une secrétaire

« Ici, quand tu as un problème, tu peux aller voir le contremaître. Il va tout faire pour t'aider, c'est un brave type ! Tout le monde veut travailler pour lui. J'ai de la chance ! »

Un plombier

Le soutien de l'entreprise signifie que les managers et la direction se préoccupent des besoins et du bien-être de leurs collaborateurs autant que de leur contribution à l'entreprise. Les manifestations de ce soutien sont diverses. En voici quelques-unes :

– être à l'écoute des besoins des employés ;

– donner ce qu'il faut pour faire le travail ;

– approuver les décisions des employés ;

– reconnaître leurs compétences ;

– aménager des horaires de travail flexibles ;

— prendre des mesures qui visent à l'amélioration de leur bien-être ;

— reconnaître l'importance de leur contribution dans l'entreprise.

Le pouvoir du soutien social

Les quatre formes de soutien que je viens d'exposer illustrent bien le pouvoir qu'elles peuvent avoir sur le bien-être au travail et l'efficacité de l'entreprise. De nombreuses études ont montré que les personnes qui disposent d'un bon soutien et qui ne sont pas isolées sont moins malades[1]. Le soutien social agit aussi sur le stress, la diminution des conflits de rôles et le *turnover*. Au cours d'une de mes enquêtes, j'ai découvert un lien intéressant entre la présence au travail et le soutien social. À la question

« Pourquoi êtes-vous venu travailler alors que vous vous sentiez malade ? », les réponses témoignent de l'importance du soutien social :

« Parce que je me sentais coupable de rester à la maison et je ne voulais pas que mes collègues soient surchargés par ma faute. »

« Parce qu'il y avait beaucoup de travail à faire et que si je ne revenais pas travailler, ce sont mes collègues qui auraient écopé de mes tâches ; ils ont déjà beaucoup à faire avec les leurs. »

« Par devoir, car je suis la seule dans mon entourage à connaître le dossier et je ne voulais pas que les autres en subissent les conséquences. »

« Par professionnalisme, et pour ne pas transférer mon travail aux autres collègues. Lorsqu'on est absent, les personnes qui nous remplacent ont une surcharge de travail. »

Au-delà du fait que le soutien social a des conséquences sur la présence au travail, il est aussi un élément essentiel d'une culture d'entreprise

© Groupe Eyrolles

---

1. BERKMAN, L.F. et SYME, L.S. « The Relationship of Social Networks and Social Support to Morbidity and Mortality », dans COHEN, S. et SYME, L.S., *Social Support and Health*, New York, Academic Press, 1985, p. 64-77.

forte. Si les employés et les managers ne s'entraident pas, collaborent difficilement, communiquent peu ou mal, ce sont non seulement les relations humaines qui sont affectées, mais également la dynamique sociale de l'entreprise.

Ce principe avait été compris par le gérant d'une usine de fabrication de meubles, qui considérait que la mobilisation de ses employés et leur adhésion aux objectifs de l'entreprise passaient aussi par la création d'un climat de discussion ouvert et d'un esprit de collaboration. « Pour mobiliser des employés et créer un bon climat d'entraide, il faut se centrer sur les personnes. Leur parler directement, être présent, les aider, les écouter et les encourager à travailler en équipe. En se centrant sur ces éléments, le reste suivra ; l'entreprise sera performante et il y régnera une ambiance agréable. Donc, pour mobiliser son personnel, il faut gérer des personnes et non gérer des chiffres et des dossiers ! » Cette usine était la plus performante des six établissements de l'entreprise.

En conclusion, les coûts associés à l'amélioration du soutien social sont relativement modestes, puisqu'il s'agit surtout d'accorder plus d'importance aux relations entre les personnes. Il ne faut pas d'équipement particulier ni de formation très élaborée, autre que ce qui est déjà offert dans un bon nombre d'entreprises. Il est temps d'accorder plus de temps et plus de place au soutien social dans nos pratiques de management. Vous verrez qu'il est ainsi possible d'améliorer le bien-être au travail et l'efficacité de votre entreprise sans recourir à des techniques très sophistiquées.

Où en êtes-vous ?

Certaines conditions doivent êtres réunies pour favoriser un bon soutien social entre tous les membres de l'entreprise. Dans mes interventions, les pratiques suivantes ressortent comme étant les plus déterminantes. En remplissant la grille d'autodiagnostic ci-contre, vous aurez un aperçu rapide de l'état du soutien social dans votre organisation.

© Groupe Eyrolles

outil de diagnostic

Remplissez la grille à l'aide de la légende ci-dessous.

100 %	Nous sommes souvent en position de leader dans cette pratique ; nous pourrions nous améliorer, mais très peu.
80 %	Nous sommes souvent en position de leader dans cette pratique ; nous pourrions nous améliorer légèrement.
70 %	Nous sommes parfois en position de leader dans cette pratique ; nous devrions nous améliorer.
50 %	Nous sommes très peu en position de leader dans cette pratique ; nous pourrions nous améliorer de beaucoup.
30 %	Nous ne sommes aucunement en position de leader dans cette pratique ; nous pourrions nous améliorer considérablement.

PRATIQUES DE LEADERSHIP, DE MANAGEMENT OU DE TRAVAIL		%
LEADERSHIP	1. La direction met à la disposition des employés et des managers les ressources dont ils ont besoin pour assurer leur bien-être au travail.	
	2. La direction met à la disposition des employés et des managers les ressources dont ils ont besoin pour atteindre les objectifs du travail.	
PRATIQUES DE MANAGEMENT	3. Les managers ont le souci de maintenir de bonnes relations sociales entre les personnes qu'ils supervisent.	
	4. Les managers sont reconnus pour le soutien qu'ils offrent à leurs collaborateurs.	
PRATIQUES DE TRAVAIL	5. Les équipes de travail ou les collectifs sont solides et constituent un soutien important pour les personnes.	
	6. Les employés ont un bon sentiment d'appartenance envers leurs collègues et collaborent régulièrement et facilement.	

Une fois que vous aurez fait votre autodiagnostic, je vous suggère d'en discuter dans le contexte de votre choix (comité de direction, comité de management, groupe de travail, réunion d'équipe, etc.) afin de favoriser une prise de conscience sur l'état et l'importance du soutien social au travail. Les observations qui découleront de cette réflexion serviront sûrement de leviers pour planifier et amorcer les changements désirés.

Foncez !

10 actions simples

➡ 1. Favoriser le travail d'équipe

On ne cesse de le répéter, être une entreprise performante est une chose de plus en plus difficile. La réussite n'est plus le lot d'une seule personne, mais d'un travail d'équipe et de la collaboration entre les individus. Comme manager et comme employé, il faut favoriser le travail d'équipe : faire preuve d'écoute, de tolérance et d'entraide. Travailler en équipe est une qualité humaine, mais aussi une stratégie de management efficace et gagnante. Il est donc important de s'assurer de l'état de l'équipe et pas seulement de l'état du matériel. Au même titre qu'on fait un entretien préventif des équipements, il est indispensable de faire un entretien préventif des relations dans les équipes et de prévoir régulièrement une évaluation pour ensuite faire les ajustements appropriés.

➡ 2. Partager les succès et les risques

Les managers et leurs collaborateurs doivent se soutenir quotidiennement. Si ce soutien permet de partager les succès, il est aussi important quand vient le moment de partager les risques. Pour que le soutien soit authentique, il doit également être présent dans les moments difficiles ou les situations d'échec. Il faut absolument éviter les commentaires tels que « Je savais que ça ne marcherait pas ! » ou « Ce n'est pas de ma faute ! » En fait, tant pour les managers que pour les employés, il faut savoir défendre son vis-à-vis devant une critique injustifiée.

➡ 3. Soutenir son équipe pour qu'elle soit meilleure que soi-même

La préoccupation d'un manager n'est pas d'être le meilleur parmi l'ensemble des employés de son équipe. Il doit plutôt faire en sorte que son équipe soit la meilleure et qu'elle soit également meilleure que lui. Pour y parvenir, il lui faut encourager ses collaborateurs, les reconnaître, les soutenir, les impliquer dans la prise de décisions et leur dire que, sans eux, il ne pourrait pas y parvenir. Le manager doit avoir confiance dans ses capacités et dans sa position pour dire que ses collaborateurs sont meilleurs que lui. Adopter un tel point de vue n'est pas dangereux. Au contraire, votre équipe montrera aussi de la reconnaissance envers vous, de même que de la loyauté.

➡ 4. Créer des réseaux d'auxiliaires naturels

Les problèmes que peut éprouver un employé sont nombreux. Ils peuvent se manifester au travail ou en dehors du travail. Dans les deux cas, ils auront des effets sur la santé de la personne et l'efficacité de l'entreprise. Par ailleurs, ces problèmes peuvent souvent n'être détectés que par des proches. Bien que les politiques et les outils de management soient nécessaires, ils sont insuffisants pour détecter les problèmes assez tôt. La mise sur pied d'un réseau d'auxiliaires naturels permet justement de déceler les signes avant-coureurs, les demandes d'aide informelles ou les attitudes critiques. Ces auxiliaires ont généralement pour rôle d'écouter et de diriger les personnes en difficulté vers des services spécialisés. Il existe de tels réseaux dans de nombreux syndicats ; il s'agit de modèles qui pourront vous servir d'exemples.

➡ 5. Prévoir un programme d'accueil pour les nouveaux employés

Quand on commence dans un nouvel emploi, on est souvent un peu perdu, on se sent seul, on va déjeuner seul. On a l'impression de ne pas faire encore partie de l'équipe. Il est important d'accompagner les nouveaux employés en leur offrant un programme d'accueil et aussi un parrain ou un mentor vers lequel se tourner en cas de problème. Un tel programme favorise l'intégration et, par le fait même, montre qu'il existe un soutien réel et concret dans votre entreprise.

➡ 6. Encourager le soutien et la coopération entre les équipes

S'il va de soi que la coopération dans une équipe est un agent actif qui lie les employés et contribue grandement à leur bien-être et à l'efficacité de l'entreprise, la plupart des gens ne pensent pas automatiquement de cette manière lorsqu'il est question des relations entre les équipes ou les services d'une même entreprise. Or, les objectifs liés au bien-être de la personne et à l'efficacité de l'entreprise ne peuvent être atteints qu'à partir d'une vision globale intégrant toutes les constituantes (équipe, unité, service) de l'entreprise.

Le soutien social n'est donc pas uniquement l'affaire de l'équipe proche de l'individu, mais doit aussi être vécu avec toutes les composantes de l'entreprise. Les employés et les managers doivent se préoccuper à la fois des relations dans et entre les équipes.

➡ 7. Faire preuve de loyauté

Le soutien social se crée et, surtout, se maintient lorsque nous avons le sentiment que nous pouvons compter sur les personnes qui nous entourent et qu'elles seront toujours là pour nous appuyer. La loyauté envers vos collaborateurs ou envers votre manager est donc un élément clé. Ce sentiment de loyauté transparaît non seulement dans vos propos, mais également dans vos actions. Parlez régulièrement de l'importance de l'équipe, dites aux membres de votre entourage qu'ils peuvent compter sur vous et que vous comptez sur eux. Expliquez-leur l'importance de faire preuve de loyauté.

➡ 8. Tenir régulièrement des réunions d'équipe

Les réunions d'équipe constituent un outil de management très puissant lorsqu'elles sont bien utilisées. Ces occasions de rencontres permettent bien sûr d'échanger de l'information et d'ouvrir la voie à une meilleure compréhension, mais incitent aussi à parler de ses difficultés et à conseiller ses collègues. Le soutien social ne se commande pas, il ne peut pas être imposé par une directive et doit se vivre grâce à ces occasions de rencontres. Les réunions d'équipe constituent en ce sens des plateformes toutes désignées pour développer et consolider le soutien social.

➡ 9. Augmenter les rencontres avec les supérieurs hiérarchiques

On entend régulièrement des critiques au sujet de l'absence de la hiérarchie auprès des employés. Le soutien doit aussi se manifester de manière concrète par la présence, car celle-ci permet de comprendre le travail, de parler de ce qui va et de ce qui ne va pas. En étant présente physiquement, la hiérarchie manifeste son appui aux employés et aux cadres moyens et supérieurs. Ces rencontres constituent également une occasion de mieux comprendre les besoins et les attentes de chaque partie. C'est en se comprenant mieux qu'on se soutient mieux.

➡ 10. Vérifier si la personne a un réseau de soutien social

Lorsqu'une personne nous parle de ses difficultés au travail, il est d'abord important de l'écouter et de la conseiller. On peut aussi vérifier si elle a accès à un réseau de soutien social composé soit de collègues, soit d'amis, soit de membres de sa famille. La présence ou non d'un tel réseau nous indiquera s'il y a un déficit social important et si la personne peut faire face aux événements seule. Le recours au programme d'aide aux employés pourra être une possibilité intéressante à explorer avec la personne qui vit une difficulté.

À RETENIR

- Le soutien social agit sur les paramètres suivants : le soutien émotionnel, l'intégration sociale, l'occasion de se sentir utile, la confirmation de sa valeur et l'acquisition d'aide. Les organisations déploient beaucoup moins d'efforts, de ressources humaines et financières dans le développement et la consolidation des équipes que dans le développement des compétences.

- Le réseau social est un excellent moyen de modérer les effets d'une expérience négative ou de valoriser une expérience positive.

- Les équipes de travail dont la composition est instable et les réorganisations trop fréquentes des services sont des facteurs qui nuisent à l'établissement de soutien solide.

- Donner aux employés les ressources qu'il faut pour faire le travail, les aider à résoudre des difficultés, les reconnaître et les défendre sont des gestes qui démontrent clairement un soutien à la personne et à la réalisation du travail.

- On a trop tendance à voir le manager comme le fournisseur de soutien social, mais lui aussi a besoin de soutien. Il est donc important de donner et de maintenir un appui constant à son groupe de managers.

- Si les employés et les managers ne s'entraident pas, collaborent difficilement, communiquent peu ou mal, ce sont non seulement les relations humaines qui sont touchées, mais également la dynamique sociale de l'entreprise.

Chapitre 4

Développez une culture du respect

> « S'il est vrai qu'il faut vivre en harmonie
> avec notre environnement naturel, il est aussi essentiel
> de vivre en harmonie avec notre environnement humain. »
>
> L'auteur

Lorsqu'on pense aux problèmes de respect et de politesse sur les lieux de travail, on a tous tendance à imaginer les pires situations conduisant à de fortes disputes, à des conflits aigus, à des actes de violence physique et même à des homicides. S'il est vrai que de telles situations existent et ont des répercussions considérables en milieu professionnel, il ne faut pas perdre de vue qu'il subsiste de nombreuses situations de manque de respect ou d'impolitesse qui émettent des signaux beaucoup plus faibles.

Par exemple, ne pas saluer, mépriser publiquement une personne, ridiculiser un collègue, ne pas remercier ou donner des ordres sur un ton autoritaire sont des gestes qui dénotent un manque de respect. Les attitudes d'irrespect sont légion et occupent environ 20 % du temps de travail des managers[1]. Le temps consacré à la gestion des problèmes engendrés par le manque de respect n'est pas étonnant ; les résultats de mes sondages indiquent que seulement 58 % des employés considèrent recevoir le respect et l'estime qu'ils méritent. Au-delà des chiffres, nous pouvons tous donner des exemples de manque de respect.

---

1. MASTER, F., *et allii*. The Complete Guide to Conflict Resolution in the Workplace, New York, AMACOM, 2002, p. 36.

Définir le respect au travail

Le mot respect signifie bien des choses selon la personne, son âge, son sexe, son statut, sa culture ou sa religion. Dans *Le Petit Larousse*, voici comment est défini le mot respect : « Sentiment qui porte à traiter quelqu'un, quelque chose avec de grands égards, à ne pas porter atteinte à quelque chose. » Pour être respectées, certaines personnes sont prêtes à se battre, d'autres à protester, à poursuivre en justice, certaines à revendiquer, à contester, à négocier et d'autres sont prêtes à mourir. Deux éléments sont présents dans le principe de respect : avoir de la considération (tact, politesse, civilité ou savoir-vivre) et ne pas porter atteinte à autrui (blesser, offusquer, froisser ou choquer).

C'est sur la base de ces deux aspects (avoir de la considération et ne pas porter atteinte à autrui) qu'une entreprise pétrolière a décidé, en 2000, de prendre des mesures drastiques pour contrer le manque de respect entre les employés. Dans les années antérieures, plusieurs événements malheureux avaient été rapportés : insultes fréquentes, discrimination, rudesse verbale et même violence physique.

Le responsable du service de santé avait implanté, avec l'aide d'un groupe de travail, une série de mesures pour mettre fin aux problèmes de respect en milieu professionnel. Un sondage interne indiquait que plus de 39 % des personnes interrogées se disaient régulièrement confrontées à des situations de manque de respect important.

Sur recommandation du groupe de travail, la direction de l'entreprise a décidé d'agir. Une politique sur le respect a été adoptée, de la formation a été offerte aux employés et aux managers pour les aider à intervenir dans des situations de manque de respect. Afin de favoriser une prise de conscience chez chaque personne, les employés ont aussi créé de courts sketchs dans lesquels ils mettaient en scène les situations de manque de respect régulièrement observées. Ces sketchs ont été présentés à plusieurs reprises à la cafétéria durant la pause déjeuner.

L'année suivante, le même sondage interne au sujet du respect a été distribué, et seulement 18 % des personnes interrogées affirmaient être confrontées régulièrement au manque de respect. Le problème n'avait donc pas été totalement éradiqué, mais une amélioration notable de la situation pouvait être observée. Voilà un exemple qui prouve qu'il est possible, avec des moyens et de la volonté, d'agir sur des dimensions éthiques du travail comme le respect.

Le cas de cette entreprise pétrolière n'est pas unique ; de plus en plus de sondages[1] révèlent que le manque de respect au travail tend à devenir un nouveau fléau. Dans une étude réalisée par Steve Pearson auprès de 775 employés, 10 % des personnes interrogées disent être quotidiennement témoins d'incivilité au travail, 20 % affirment être personnellement la cible d'incivilité au travail au moins une fois par semaine et 78 % des managers perçoivent une augmentation de l'incivilité depuis les dix dernières années.

Le monde du travail n'est pas le seul endroit où se pose la question du manque de respect. Généralement, nos entreprises sont le reflet de la société. En effet, lorsque nous regardons ce qui se passe dans notre environnement social, il semble évident que le respect est une question essentielle.

Nous n'avons qu'à penser aux nombreuses émissions de téléréalité comme *Loft Story, Koh-Lanta,* ou *Le maillon faible*, où l'objectif est d'éliminer son concurrent, de briser des alliances et de mépriser l'autre publiquement. Le manque de respect, l'atteinte à la réputation d'autrui sont les moteurs de ce type d'émission télévisée, qui connaît un immense succès si on en juge par leur audimat.

Pour contrer cette tendance sociale fortement exploitée par les médias, le gouvernement britannique en a fait un enjeu majeur : en 2006, Tony Blair, alors Premier ministre, a prononcé un discours important au cours

1. FORNI, P.M. *Choosing Civility* : the Twenty-five Rules of Considerate Conduct, New York, St. Martin's Press, 2002, 208 p.
    PEARSON, C.M., ANDERSSON, L.M. et PORATH, C.L. « Assessing and Attacking Workplace Incivility », *Organizational Dynamics*, vol. 29, n° 2, 2000, p. 123-137.

duquel il a présenté son plan d'action, *Give respect Get respect* (« Respectez et soyez respecté »). Il définissait ainsi le respect : « Le respect est une manière de décrire les possibilités de vie en communauté. C'est la considération qu'on doit aux autres. C'est mon devoir de respecter vos droits les plus importants. Et vice versa. Ce sont les liens avec la société, les ententes que nous avons avec autrui. »

En milieu professionnel, les problèmes de respect sont exprimés de manière très variée. Voici quelques commentaires de personnes interrogées lors de sondages réalisés dans les entreprises :

« Il est important que la direction générale respecte les domaines de spécialisation des employés. »

« Il faut respecter et reconnaître la qualité et la quantité de travail que nous faisons. »

« C'est important de traiter les personnes avec respect, de leur poser des questions simples comme " Comment allez-vous ? ", " Puis-je vous aider ? " »

« Il faut favoriser une écoute réelle, l'empathie envers les personnes et, surtout, le respect. »

« Je crois au travail d'équipe, en respectant le travail des autres. »

« Il faut dire la vérité, sans faire de fausses promesses. Les attentes non comblées se traduisent par de la frustration. Dire la vérité, c'est faire preuve de respect. »

« Il est nécessaire que les employés et les managers se respectent mutuellement. »

Comme vous pouvez le remarquer, le respect au travail n'a pas le même sens d'une personne à une autre et les attentes ne sont pas exactement les mêmes. Il est donc essentiel de prendre quelques instants pour bien définir ce qu'on entend par respect.

En termes simples, le respect est la perception d'un comportement qui aide à préserver les normes de civilité mutuellement acceptables au travail et qui entraîne une relation positive avec autrui permettant de nouer des relations durables et favorisant la collaboration.

Le respect n'est pas une question de statut, de prestige ou de rang social. Tout le monde mérite d'être respecté et tout le monde doit respecter les autres, qu'on soit médecin, ouvrier dans le bâtiment, dirigeant d'entreprise, artiste, mécanicien ou ministre.

Je me rappelle le cas de cette très grande entreprise canadienne dans le secteur des services, où j'ai mené une recherche-action sur le bien-être au travail, incluant une série de questions sur le respect et le harcèlement psychologique. Le résultat a été très étonnant. Presque une personne sur cinq (18 %) se disait victime d'un manque de civilité. Je ne m'attendais pas à ce que, dans un milieu de professionnels, il y ait un tel taux de comportements associés au manque de respect.

Seulement 68 % des employés considèrent être respectés par leur supérieur immédiat, alors que 88 % se disent respectés par leurs collègues.

Après avoir réévalué les résultats du sondage – ce qui est chose courante quand les résultats ne vont pas dans le sens des attentes du client –, le P-DG a donné son accord pour la mise en place d'un atelier de sensibilisation sur le respect au travail. Il a confirmé que son équipe de direction et lui-même seraient les premières personnes à y assister, puisqu'ils devaient donner l'exemple et qu'ils n'étaient pas à l'abri d'avoir de tels comportements ou d'en être la cible. Il a ajouté que, pour développer une culture du respect, tous les échelons hiérarchiques devaient assister à l'atelier de sensibilisation, et que si certains managers ou employés considéraient ne pas en avoir besoin, ils pouvaient aider les autres à valoriser l'importance du respect.

Voici une courte liste des attitudes encouragées durant cet atelier :

– traiter les collègues avec courtoisie, politesse et gentillesse ;

– encourager ses coéquipiers à exprimer leurs opinions et leurs idées ;

– écouter ce que les autres ont à dire avant de donner son opinion, ne pas interrompre ;

- ne pas insulter les autres, ne pas les dénigrer et ne pas utiliser de surnoms ;
- critiquer de façon constructive ;
- reconnaître le travail de chacun et moins critiquer ;
- traiter les autres comme on aimerait être traité.

À l'opposé, le manque de respect se définit comme un comportement déviant, souvent de faible intensité, mais qui outrepasse les normes de savoir-vivre établies dans la société ou dans l'entreprise, et qui engendre l'impolitesse, le mépris, l'indifférence et l'incivilité envers les autres. Ainsi, une agression verbale ou une négligence émotionnelle qui semblent anodine peut ébranler et avoir des conséquences sur la vie de tous les jours. Des indices tels qu'un abus de langage, des insultes, des attaques personnelles, des accusations, des cris, des poings serrés, une posture rigide et bien d'autres, révèlent non seulement une tension chez les gens, mais envoient parfois un signal de non-respect. Voici d'autres comportements qui témoignent un manque de respect :

- agir comme si on était le seul employé dans l'entreprise et parler au nom de tous ;
- ne pas saluer ;
- ne pas remercier ou ne pas dire s'il vous plaît ;
- refuser de s'impliquer dans un projet de groupe ;
- lire les courriels des autres ;
- faire porter la responsabilité de ses propres fautes sur les collègues ;
- passer un savon à quelqu'un devant un groupe ;
- utiliser un langage grossier sur son lieu de travail ;
- lever les yeux au ciel à la suite de l'intervention d'un collègue ou d'un supérieur en réunion ;
- faire des plaisanteries déplacées ;
- faire courir des rumeurs qui ont un impact sur la réputation de quelqu'un ;

– téléphoner pendant une réunion.

Pour illustrer ce qu'est le manque de respect, voici un exemple réel de propos et de gestes vexants que j'ai puisé dans une étude[1] réalisée à partir de plaintes émises pour harcèlement psychologique au travail. Pour protéger l'identité de cette personne, j'ai changé le lieu de travail ainsi que son nom.

Les faits se déroulent dans un restaurant. Luc, le plaignant, est un cuisinier récemment installé dans la région. Les personnes mises en cause sont notamment un collègue de travail et le patron du restaurant.

L'établissement, qui peut accueillir environ soixante personnes, fait la fierté des habitants de la région et des employés qui y travaillent. Luc a été embauché à titre de chef cuisinier. Tout juste arrivé dans le coin, ce Montréalais d'origine cumule plus de dix ans d'expérience dans le milieu de la restauration. Le patron du restaurant lui a fait miroiter la possibilité de devenir associé s'il fait ses preuves au cours des six prochains mois.

Au restaurant, une dizaine de personnes se partagent les heures de travail. Les serveuses sont originaires de la région, et la plupart ont plus de trois ans d'ancienneté. Lorsque Luc propose une personne (extérieure à la région) pour l'aider dans ses tâches, certaines employées, dont une en particulier, contestent ouvertement son choix. Cette collaboratrice mécontente ne fera que dénigrer la personne proposée par Luc et menacera de partir si le choix est entériné par le patron. Avec Luc, le propriétaire fait alors plusieurs allusions aux parts promises et menace de revenir sur sa parole.

Quelques jours plus tard, Luc note un changement radical de comportement chez son patron. Ce dernier n'a plus que des remarques négatives pour son cuisinier, critiquant même ce qu'il lui sert à manger. « Dis

1. BRUN, J.-P. et KEDL, E. « Porter plainte pour harcèlement psychologique au travail : un récit difficile », *Relations industrielles / Industrial Relations*, vol. 61, n° 3, 2006, p. 381-407.

donc, Luc, tu te laisses aller, c'est périmé ce que tu nous as préparé là ! Je ne servirai ça à personne ! » Il lui demande par ailleurs de ne pas tenir compte des comportements des serveuses et des autres employés à son égard et de faire comme si tout allait bien.

Commence alors une série d'accrochages plus sérieux. Un de ses collègues va jusqu'à le menacer : « Ici, c'est toi le problème, et ça va pas s'arranger. T'en as pas fini avec moi. Si tu penses que tu peux tout changer, tu te mets le doigt dans l'œil ! »

Quelques jours plus tard, alors que Luc cherchait ses ustensiles et que ce même collègue se sentait accusé de les avoir pris, il s'est mis à invectiver le cuisinier : « T'as fini d'accuser tout le monde qu'on te prend tes affaires ? En plus, c'est même pas tes affaires ! » Plus tard, son patron laissera même entendre qu'il est un vendeur de drogues et une employée le traitera de « lèche-cul ».

Luc a l'impression qu'on fait tout pour qu'il quitte son emploi. Il ne peut plus supporter d'être traité et insulté ainsi, mais il considère qu'il n'a pas vraiment le choix, puisqu'il a quitté Montréal pour venir travailler dans ce restaurant.

* * *

Comment expliquer la situation de Luc ? Pourquoi le climat s'est-il détérioré à ce point ? Lorsqu'on examine les causes probables du manque de respect sur le lieu de travail, on remarque plusieurs éléments et on peut y trouver plusieurs explications. La montée de l'individualisme, le manque de solidarité et les relations distantes que nous entretenons avec les personnes ont pour effet que nous considérons ne pas avoir de comptes à rendre aux autres et à l'entreprise sur nos attitudes et nos comportements.

Les minutes qui nous manquent dans une journée nous font souvent déroger aux règles de civilité de base.

L'intensification du travail joue aussi un rôle incontestable. Nous sommes de plus en plus pressés, nous arrivons en retard à une réunion sans saluer pour ne pas déranger, nous entrons dans le bureau d'un collègue sans lui demander comment il va parce que nous avons un problème qu'il faut régler rapidement, nous répondons abruptement à la question d'un client parce que nous ne parvenons pas à finir le travail commencé ou encore, nous nous mettons en colère à la suite d'une question toute simple parce que nous sommes fatigués. Malheureusement, les minutes qui nous manquent dans une journée nous font souvent déroger aux règles de civilité de base. Il existe aussi plusieurs autres facteurs liés à l'entreprise pouvant conduire une personne à manquer de respect envers son entourage. En voici quelques-uns :

– la précarisation de l'emploi (contrats, fournisseurs externes, changements démographiques) ajoute du stress, rendant la personne plus individualiste et moins tolérante aux autres (chacun pour soi) ;

– les changements dans l'entreprise peuvent aussi être une source de tension entre les employés (incertitude, insécurité, peur) ;

– les nouvelles technologies, comme les courriels qui permettent de tenir des propos parfois regrettables car trop spontanés ;

– des managers qui sont de bons experts techniques, mais qui ne possèdent pas toujours les compétences relationnelles que le poste exige ;

– les échanges trop informels entre les employés et les managers font parfois naître l'impolitesse ;

– le manque de communication, qui laisse peu de temps pour s'expliquer et tout juste assez de temps pour exprimer (souvent mal) son point de vue ;

– l'indifférence de l'un envers l'autre a tendance à détériorer le climat de travail.

Les paroles ou les gestes irrespectueux peuvent blesser profondément la dignité d'une personne et même porter atteinte à sa santé physique ou psychologique. Ils peuvent aussi provoquer le détachement, rompre des relations et dégrader l'ambiance de travail de tout un service, générer des conflits et ralentir la productivité. Je constate que les personnes victimes de comportements irrespectueux se concentreront davantage sur leurs intérêts personnels et s'investiront moins dans l'entreprise. Par ailleurs, l'absence de respect est souvent une composante d'un conflit qui monte en spirale et qui peut aboutir au harcèlement psychologique.

Faire preuve de respect pour être respecté

Je considère que la première chose à faire pour être respecté est de faire preuve soi-même de respect. Si vous vous comportez avec respect, si vous saluez les gens, demandez de leurs nouvelles, vérifiez s'ils sont à l'aise avec vos propos, mesurez la portée de vos paroles et évitez de blesser votre entourage, vous ferez généralement face à une attitude similaire à la vôtre.

Les relations avec autrui sont souvent déterminantes dès les premiers contacts, et la première impression donne souvent le ton aux échanges que vous aurez avec votre entourage. C'est à chaque personne de trouver la manière d'y parvenir, il n'y a pas de solution miracle, la meilleure manière étant celle avec laquelle vous êtes vous-même à l'aise, car vous dégagerez ainsi un comportement authentique et respectueux.

J'ai connu un consultant qui se faisait le devoir d'appeler les gens par leur prénom lorsqu'il animait des réunions. Il me disait : « Pour moi, appeler les gens par leur prénom, tout en les vouvoyant, c'est une manière de leur montrer que je suis pleinement conscient de leur présence et que je les remercie d'être ici. Les participants ont ainsi le sentiment qu'ils sont uniques et non pas seulement " Madame au bout de la table ! " ou " Monsieur dans le coin ! " En ce qui me concerne, le respect commence par la reconnaissance de la présence d'autrui ! »

Malgré l'ensemble des précautions qui peuvent être prises, les situations de manque de respect peuvent tout de même se produire. Qu'arrive-t-il alors ? Malheureusement, dans bien des cas, lorsque la situation d'incivilité est rapportée aux managers, leur première réaction est de nier ou de banaliser la situation dénoncée. Ils tentent, par divers moyens et remarques, de minimiser l'impact des événements qui sont rapportés : « Tu exagères ! », « Ce n'est pas grave, il faut bien rire un peu ! », « Il est comme ça, ce n'est pas méchant… », « C'est juste une blague ! ».

Une autre façon de nier ce genre de situation consiste en une tentative de fragilisation du plaignant : on le juge trop sensible ou on dit qu'il a tendance à tout exagérer et à faire une montagne de toutes petites choses. Plusieurs personnes m'ont confié que lorsqu'elles tentent de discuter de ce qui ne va pas, elles ne sont pas écoutées et ne sentent aucune volonté de voir clair et de faire la part des choses, mais voient plutôt le souci de cacher la situation, pour ne pas se laisser distraire par des dimensions émotives, comme la souffrance, qui détournent des objectifs économiques : « J'ai assez de problèmes avec le garage, tu ne vas pas m'enquiquiner avec des petits riens ! »

La douleur des victimes d'un manque de respect est double : elles se sentent insultées et pas prises en considération. Par ailleurs, lorsque le problème n'est pas pris au sérieux, on risque de tolérer de plus en plus de tels excès de comportement, étant donné qu'il n'y a jamais de conséquence.

Dans la plupart des entreprises, les problèmes de respect sont rarement pris en considération. Lorsqu'ils existent, les politiques, les directives et les outils mis à la disposition des managers servent à gérer les cas extrêmes, comme les situations de harcèlement psychologique, les tentatives de harcèlement sexuel ou les actes de violence physique. Malheureusement, on ne retrouve pas un tel dispositif pour les situations qui ont une résonance négative moins forte comme l'impolitesse, le mépris, la rudesse verbale ou la médisance.

Faites l'exercice dans votre entreprise ou dans votre entourage et demandez s'il existe des dispositions pour gérer les problèmes de manque de respect. Je parie que vos recherches seront infructueuses. Si on désire intervenir à la source du problème de manque de respect, il est important de se doter de pratiques de management pour composer avec les situations qui se présentent régulièrement dans les environnements de travail. Les deux actions suivantes me paraissent les plus efficaces et les plus simples :

1. Il faut d'abord se tourner vers la présumée victime, et ensuite vers les témoins, pour connaître leur point de vue et avoir une compréhension de l'environnement de travail dans lequel l'incident a pris naissance. Encore une fois, on doit être attentif à l'interprétation des comportements dénoncés avant de porter un jugement, étant donné le caractère subjectif de la situation.

2. Il faut aussi analyser les actions du présumé instigateur, écouter ses explications à l'égard de son comportement et des événements et vérifier ses intentions. Contrairement aux actes de vandalisme ou aux gestes violents, où l'intention de blesser l'autre est plus évidente, l'intentionnalité des événements irrespectueux est plus subtile. Cette ambiguïté de blesser l'autre est une caractéristique qui différencie l'incivilité des autres « mauvais traitements » dans les entreprises, même s'ils sont eux aussi synonymes d'un manque de considération envers les autres.

Cet aller-retour dans l'interprétation des parties concernées est essentiel, car ce qui est irrespectueux pour un individu ne l'est pas nécessairement pour un autre. Ce qui est inacceptable dans une société, dans un groupe ou dans une équipe de travail ne l'est pas obligatoirement pour les autres. La culture joue ici un rôle important ainsi que les expériences vécues. Dans les milieux où le manque de respect est chose courante, le seuil de tolérance est beaucoup plus élevé, ce qui n'est pas nécessairement une bonne chose, au contraire.

Comment instituer le respect comme une valeur essentielle de son entreprise ? La première chose à faire est de donner le ton et de démontrer que le respect des personnes est une valeur fondamentale, placée dans le haut de la liste des principes de l'entreprise.

Au cours d'une de mes conférences, un manager a témoigné du bienfait d'établir le respect comme valeur centrale au travail. Voici ses propos : « Nous avons instauré une politique sur le respect il y a dix-huit mois. Pour bien des gens, ce n'était qu'un bout de papier, qu'une autre politique qui allait s'empoussiérer sur nos tablettes. Je partageais aussi cette opinion ! Mais il y a quelques mois, j'ai eu à gérer une situation grave de manque de respect entre deux collègues de même niveau. Eh bien, cette politique m'a non seulement permis d'expliquer la position de l'entreprise, mais aussi d'exiger des changements de comportements, et pas seulement parce que je le désirais, mais également parce que c'était maintenant une exigence de l'entreprise et une condition d'emploi. »

Puisque le manque de respect est souvent une action discrète et adressée à une seule personne, il est important, comme individu, de réagir rapidement. Voici ce qui peut être envisagé :

– ne pas accepter les gestes d'intimidation, les attitudes hostiles, etc. ;

– donner le droit aux individus de parler des situations irrespectueuses et ne pas appliquer de sanction pour l'avoir fait ;

– en tant que personne concernée, tenter de tempérer ses réactions ;

– s'excuser et s'expliquer si on a blessé, offensé un collègue ;

– évaluer sa propre attitude qui entretient la conduite de l'autre ;

– apporter du soutien à la personne qui subit un manque de respect ;

– respecter le code de conduite officiel et non officiel de l'entreprise ;

– éviter de générer un effet d'escalade et tenter de régler le problème à la base si on est pris dans une situation où des comportements irrespectueux constituent les sources d'irritation.

De son côté, l'entreprise peut aussi prendre des mesures concrètes. Voici quelques suggestions :

– en tant qu'entreprise, inciter les individus à parler des événements irrespectueux et les aider à corriger la situation ;

- éliminer les conflits interpersonnels et éviter l'effet d'escalade dans l'entreprise ;
- prévoir une formation sur le respect tant pour les nouveaux employés et managers que pour les anciens ;
- offrir des formations sur la communication et la résolution de conflits ;
- offrir une formation aux managers sur l'identification des signes de violence, d'hostilité et d'incivilité et sur la façon de les prévenir ;
- sanctionner lorsque survient une situation irrespectueuse ;
- tenir compte des signes précurseurs ;
- ne pas excuser les instigateurs influents ;
- dès le processus d'embauche, faire part de l'existence d'un code de conduite ;
- réagir rapidement et efficacement quand surgissent des situations conflictuelles ou qui ne cadrent pas avec les règles de vie de l'entreprise ;
- agir de façon discrète.

Où en êtes-vous ?

L'implantation d'une culture du respect au travail s'appuie sur la volonté de la direction, les pratiques des managers et les attitudes et comportements des employés. Dans mes interventions, les pratiques suivantes ressortent comme étant les plus déterminantes. En remplissant la grille d'autodiagnostic qui suit, vous aurez un aperçu rapide des pièces manquantes pour favoriser le développement du respect au travail.

outil de diagnostic

Remplissez la grille à l'aide de la légende ci-dessous.

100 %	Nous sommes souvent en position de leader dans cette pratique ; nous pourrions nous améliorer, mais très peu.
80 %	Nous sommes souvent en position de leader dans cette pratique ; nous pourrions nous améliorer légèrement.
70 %	Nous sommes parfois en position de leader dans cette pratique ; nous devrions nous améliorer.
50 %	Nous sommes très peu en position de leader dans cette pratique ; nous pourrions nous améliorer de beaucoup.
30 %	Nous ne sommes aucunement en position de leader dans cette pratique ; nous pourrions nous améliorer considérablement.

PRATIQUES DE LEADERSHIP, DE MANAGEMENT OU DE TRAVAIL		%
LEADERSHIP	1. La direction générale donne les orientations sur le respect au travail et se tient informée de l'ampleur du problème.	
	2. La direction générale applique les principes de respect dans l'exercice de son leadership.	
PRATIQUES DE MANAGEMENT	3. Les managers disposent d'outils de management efficaces (méthode de résolution de conflits, technique de discussion, etc.) et d'une formation adéquate pour favoriser un milieu de travail respectueux.	
	4. Les managers et le personnel spécialisé interviennent rapidement lorsqu'ils sont informés d'un manque de respect flagrant.	
PRATIQUES DE TRAVAIL	5. Les employés savent reconnaître une situation de manque de respect et connaissent les moyens disponibles pour résoudre le problème.	
	6. Les employés peuvent rapporter sans crainte un problème de manque de respect qu'ils ont vécu ou dont ils ont été témoins.	

Une fois que vous aurez fait votre autodiagnostic, je vous suggère d'en discuter dans le contexte de votre choix (comité de direction, comité de management, groupe de travail, réunion d'équipe, etc.) afin de favoriser une prise de conscience sur le respect au travail. Les observations qui découleront de cette réflexion serviront sûrement de leviers pour planifier et amorcer les changements désirés.

Foncez !

10 actions simples

→ 1. Définir la limite

En matière de respect, il est essentiel que la limite soit définie pour savoir ce qui est permis et ce qui n'est pas permis. Afin de montrer son engagement proactif à ce sujet, il faut établir un code de conduite permettant d'énoncer ce qui est attendu comme comportement au sein de l'entreprise. Puisqu'il s'agit d'enjeux éthiques, il est essentiel qu'ils fassent l'objet de discussions avec tous les membres de l'entreprise et que ceux-ci les adoptent. Après tout, une des premières manifestations du respect est de demander l'avis des personnes concernées.

→ 2. Donner l'exemple : créer une bonne ambiance

Votre entourage fera ce que vous faites et pas simplement ce que vous dites. Il faut être conscient que lorsque nous interagissons avec autrui, nous lui montrons, ou non, du respect. À la fin de votre journée de travail, posez-vous la question suivante : ai-je eu une conduite respectueuse envers les personnes que j'ai rencontrées aujourd'hui ? En équipe ou dans un comité de management, parlez des comportements respectueux à valoriser au quotidien.

→ 3. Organiser un atelier de sensibilisation sur le respect

Considérer qu'on est respecté ou qu'on ne l'est pas est surtout le résultat d'un jugement personnel qui s'appuie sur des critères qui peuvent varier d'une personne à une autre. Ce jugement est posé par la personne à qui est adressé le geste ou le propos. Il est donc essentiel de débattre ouvertement de cette question et de ces critères. Il faut aussi faire de l'éducation populaire, évaluer les différences et mettre à jour les perceptions sur ce qui est acceptable ou non. Un atelier structuré de sensibilisation au respect est une activité importante puisqu'il offre un cadre organisé et relativement neutre de discussion.

➡ 4. Définir une procédure de traitement des cas

Un chef d'entreprise ne peut pas simplement dire qu'il désire un milieu respectueux et qu'il ne tolérera pas les conduites irrespectueuses. Une entreprise fait preuve de diligence raisonnable quand son discours et ses orientations s'accompagnent de directives, de procédures et d'outils de gestion concrets. Les mots sont nécessaires, mais pas suffisants ; les gestes complètent le tout : il faut les joindre à la parole ! Il existe de nombreuses procédures et chaque entreprise doit élaborer la sienne en fonction de ses caractéristiques.

➡ 5. Fournir des outils de gestion sur le respect

Une directive de management trace le cadre des comportements acceptables. Un processus de gestion des cas permet d'intervenir en situation de crise. Il faut aussi fournir aux managers des outils simples, rapides et efficaces d'intervention précoce. De tels outils doivent permettre d'intervenir avant que la crise n'apparaisse, être orientés vers la recherche de solutions et être considérés comme non menaçants pour les parties en cause. Il ne s'agit pas uniquement de moyens disciplinaires, mais idéalement, de moyens visant à atteindre une solution constructive pour tous.

➡ 6. Réaliser un sondage au sujet du respect

Avant d'entreprendre une action sur le respect qui touchera tous les membres de l'entreprise, il est bon de prendre le pouls du milieu professionnel. Un sondage sur l'ampleur du problème, ses principales manifestations, les personnes concernées et les conséquences engendrées est une étape importante. Le sondage permet aussi de suivre la situation et devient un tableau de bord.

➡ 7. Intervenir rapidement

Dans un contexte d'incivilité ou de conflit, l'expérience montre que le temps n'arrange jamais les choses. Dès qu'une situation sérieuse de manque de respect est portée à votre attention, il faut vous en occuper. Les mesures à prendre peuvent être diverses : en référer à des services spécialisés, demander une rencontre avec les personnes concernées, valider les faits, etc. En fait, ce qu'il faut éviter, c'est la négation, le déni, la banalisation ou l'accusation trop rapide. Une méthode assez simple consiste à trouver les points chauds dans les équipes de travail et à établir les actions qui favorisent un règlement précoce des tensions entre les personnes.

➡ 8. Demander de l'aide

Lorsqu'une personne est victime d'un manque de respect grave, la blessure intérieure peut être si importante que la première réaction est le repli sur soi, comme lorsqu'on a une crampe dans le ventre. S'il s'agit d'un geste de protection, il est impératif d'en parler rapidement et d'aller chercher de l'aide pour résoudre le problème et non simplement pour le partager. Il importe de faire preuve d'ouverture et d'aller vers des personnes qui pourront non seulement écouter, mais apporter aussi un soutien pour mettre fin à cette situation conflictuelle. Si un tel geste est de la responsabilité de l'individu, l'entreprise a quant à elle la responsabilité de protéger celui ou celle qui entreprend cette démarche, de même que les personnes qui l'aideront.

➡ 9. Encourager et pratiquer la tolérance

Un lieu de travail est toujours composé de personnes différentes qui ont des valeurs, des attitudes et des pratiques variées. La qualité d'une équipe de travail et d'une entreprise réside dans leur capacité à miser sur ces différences et à les faire converger vers un objectif commun. La tolérance envers les autres est aussi un principe essentiel du respect. Il faut non seulement insister sur le respect, mais favoriser le développement de la tolérance envers autrui et le respect des différences.

➡ 10. Donner une seconde chance

Il arrive assez souvent que nos comportements dépassent notre pensée ou que nos actes entraînent des conséquences non intentionnelles (peine, sentiment de persécution, honte), ou encore, qu'il y ait eu simplement une incompréhension ou un manque de communication. Malgré le fait qu'il faille agir rapidement, il est important et sage d'écouter le point de vue de la personne en cause et de lui laisser une seconde chance. Cette ouverture est plus favorable à un règlement précoce du problème et aussi à la mise en place d'un espace de discussion permettant un véritable échange sur les points de vue. Paradoxalement, donner une seconde chance est aussi un geste de respect envers les autres.

À RETENIR

- Les petits gestes de manque de respect sont plus nombreux que les gestes graves (harcèlement, violence, agression).

- Deux éléments sont présents dans le principe de respect : avoir de la considération et ne pas porter atteinte à autrui.

- Le respect au travail n'a pas le même sens d'une personne à une autre et les attentes ne sont pas exactement les mêmes.

- Tout le monde mérite d'être respecté et tout le monde doit respecter les autres.

- Le manque de respect se définit comme un comportement déviant, souvent de faible intensité, qui outrepasse les normes de savoir-vivre.

- Les minutes qui nous manquent dans une journée nous font souvent déroger aux règles de civilité de base.

- Les victimes de comportements irrespectueux se centreront davantage sur leurs intérêts personnels et s'investiront moins dans l'entreprise.

- Les comportements de manque de respect s'accompagnent souvent d'une réaction de banalisation ou de déni, ou d'un jugement sur la trop grande sensibilité ou la fragilité du plaignant.

- La première chose à faire pour être respecté est de faire preuve de respect.

- Dans les milieux où le manque de respect est chose courante, le seuil de tolérance est beaucoup plus élevé.
- Il est primordial de faire savoir que le respect des personnes est une valeur qui figure dans le haut de la liste des principes de l'entreprise.

Chapitre 5

Conciliez travail et vie personnelle

« Au centre de toute organisation, peu importe sa taille, vous trouverez la ressource la plus importante : la personne. »

Patricia Hewitt, ex-ministre de la Santé au Royaume-Uni

Le travail a toujours fait partie de la vie des gens, mais depuis un certain temps, il semble de plus en plus difficile de trouver un équilibre sain et de tracer les limites à respecter entre le travail et la vie personnelle. Même que pour plusieurs, le travail est devenu la vie. Posez-vous cette question : est-ce normal de consacrer plus de temps et d'énergie au travail qu'à ma vie familiale ou personnelle ?

Dans une étude réalisée en 1999 par Santé Canada, on peut lire que 40 % des Canadiens estiment vivre un conflit travail-vie personnelle. En 2007, la situation n'a guère changé puisque 81 % des Canadiens[1] souhaitent établir un équilibre entre leur vie personnelle et leur travail.

Aujourd'hui, la conciliation travail-vie personnelle prend des formes multiples et n'est plus uniquement une revendication portée par les femmes. Voici un extrait éloquent d'une étude fort intéressante réalisée par une chercheuse canadienne[2] : « La nature des conflits entre le travail et la vie personnelle des gens, c'est d'avoir un emploi qui empiète sur sa vie familiale. C'est d'avoir une famille qui empiète sur son travail et nuit à ses possibilités d'avancement. C'est lorsque le travail domestique

---

1. Sondage SOM réalisé en 2007 pour Desjardins Société Financière.
2. DUXBURY, L., HIGGINS, C. et COGHILL, D. *Témoignages canadiens : à la recherché de la conciliation travail-vie personnelle*, Ottawa, Développement des ressources humaines Canada, 2003, 104 p.

empiète sur le temps personnel. C'est de consacrer tellement de temps à l'aller-retour au travail qu'il ne vous reste plus d'énergie. Ce sont les rôles conflictuels – trop à faire en trop peu de temps. C'est de constamment ressentir les pressions du temps. C'est de confronter la vie seule parce que vous vivez avec un bourreau de travail ou que vous êtes chef de famille monoparentale. C'est de tenter d'équilibrer sa vie avec un ou deux emplois. C'est de tenter d'équilibrer vie, études et travail. C'est de remettre à plus tard le projet d'avoir des enfants, ou de décider de ne pas en avoir (peut-être pour toujours) parce que vous ne pouvez vous imaginer jongler avec une chose de plus. »

Vous l'aurez peut-être remarqué, j'utilise l'expression conciliation travail-vie personnelle, et non pas conciliation travail-famille ou équilibre travail-famille. Plusieurs raisons justifient l'usage de l'expression conciliation travail-vie personnelle. Tout d'abord, ce n'est pas seulement le monde du travail qui a changé, mais la main-d'œuvre aussi. Ainsi, au Canada et aux États-Unis, les personnes célibataires et sans enfant représentent 40 % de la population active.

Cette nouvelle composition de la main-d'œuvre a pour effet que les entreprises ne doivent plus seulement être arrangeantes envers les familles, mais aussi envers les personnes qui n'ont pas de statut matrimonial et qui ont également besoin de concilier travail-vie personnelle. Par exemple, ils doivent s'occuper de leurs parents dont l'état de santé est particulier (diabète, etc.), ils sont étudiants à temps partiel ou veulent réaliser un projet à titre bénévole.

Par ailleurs, ce n'est pas l'équilibre qu'il faut rechercher ; c'est un vœu pieux ou encore une métaphore. Il faut plutôt permettre une conciliation, la plus juste possible, entre les besoins des gens et les exigences des entreprises. Cette conciliation doit tenir compte des réalités individuelles, familiales, des besoins de la clientèle, de la concurrence et des capacités d'adaptation de l'entreprise. Cette conciliation ne sera jamais parfaite ; le but recherché ne doit pas être une satisfaction entière, mais plutôt une entente réciproque en fonction des besoins des employés et de ceux de l'entreprise.

Concilier le travail et la vie personnelle ?

L'enjeu est de savoir comment concilier le travail et la vie personnelle. Le constat général est que même si on peut observer de nettes améliorations en matière de programme d'entreprise visant un meilleur équilibre entre le travail et la vie personnelle, c'est généralement le travail qui l'emporte et fait éclipse à la vie personnelle.

Voici un exemple simple qui montre à quel point le travail peut empiéter sur la vie personnelle. Invitez un ami à dîner à la maison un soir de semaine. Il y a de fortes chances qu'il vous dise que c'est impossible à cause des devoirs des enfants, des tâches domestiques ou de la fatigue, tout simplement. Il en va de même pour vous. En fait, probablement que vous n'inviterez pas un ami à manger à la maison un soir de semaine. Vous hésiterez même pour le vendredi soir, et ce sera un non catégorique pour le dimanche soir puisqu'il faut démarrer la semaine du bon pied. Finalement, il ne reste que le samedi soir, s'il n'y a pas de souper avec les grands-parents ou des membres de la famille. Voilà un exemple clair, simple et incontestable de la difficulté de concilier le travail et la vie personnelle.

Toutefois, difficile ne veut pas dire impossible. Si vous désirez améliorer les possibilités de conciliation travail-vie personnelle, trois champs d'action s'offrent à vous :

1. le soutien que l'entreprise fournit à son personnel ;

2. les conséquences sur la carrière ;

3. les demandes de l'entreprise liées aux horaires de travail.

Ces différentes mesures doivent être adaptées à chaque entreprise en fonction des contraintes de production ou de service, du sexe des employés et de leur charge familiale ou personnelle.

Quels sont les besoins des employés et des entreprises en matière de conciliation travail-vie personnelle ?

La conciliation du travail et de la vie personnelle doit dès le départ être conçue en tenant compte des volets professionnel et personnel, et elle ne doit pas être vue comme un processus à sens unique. L'employé n'est pas une ressource totalement disponible pour l'entreprise, et cette dernière n'a pas à répondre à tous les besoins personnels de ses employés.

Tout d'abord, l'entreprise doit viser à ce que l'employé puisse s'acquitter de ses responsabilités familiales et personnelles. Une personne monoparentale aura plus souvent besoin de s'absenter du travail pour s'occuper de ses enfants. Un employé devra prendre soin de ses parents vieillissants. Une autre personne aura besoin de congés pour mener à bien une action humanitaire qui lui tient à cœur. Si l'entreprise parvient à accommoder ces besoins, l'employé sera en meilleure santé, plus motivé et offrira un meilleur rendement.

D'un autre côté, un employé doit aussi viser à ce que l'entreprise puisse s'acquitter de ses obligations économiques et commerciales. Une entreprise aura besoin que certains employés acceptent de travailler en région loin du siège social pour desservir l'ensemble du pays. Des hôpitaux compteront sur du personnel soignant qui travaillera de nuit. Une multinationale aura besoin que ses employés se déplacent régulièrement sur d'autres continents. Là aussi, les gains en matière de qualité des services, de productivité et de compétitivité s'observent[1].

La conciliation travail-vie personnelle se vit dans de multiples situations qui conduisent les personnes à faire des choix : Vais-je travailler plus tard et demander à ma mère d'aller chercher les enfants ? Dois-je accompagner mon père chez son médecin ? Puis-je m'absenter du bureau ce matin pour faire réparer ma voiture ? Ces situations sont très courantes.

---

1. FRONE, M.R. « Work-Family Balance », dans QUICK, J.C. et TETRICK, L.E., *Handbook of Occupational Health Psychology*, Washington (DC), American Psychological Association (APA), 2003, p. 143-162.

Pour faciliter la prise de décision, la personne a souvent besoin d'en parler avec son patron. Il m'est arrivé assez fréquemment de discuter de tels choix avec mes collaborateurs. Ces discussions ont permis d'éviter des conflits entre le travail et les obligations personnelles, puisque la solution adoptée permettait de concilier les deux besoins. Dans ces situations, j'ai toujours considéré que mon soutien servait à trouver une solution où tout le monde y gagnait.

Ma participation dans la décision ne visait pas à faire pencher la balance du côté du travail. Ayant moi-même vécu de telles situations, je savais que la solution proviendrait d'une réflexion fondée sur plusieurs critères et plusieurs options. Mon rôle de manager visait essentiellement à favoriser la prise en compte de l'ensemble des paramètres professionnels et personnels. Dans certains cas, le travail a été retardé, et dans d'autres cas, l'activité personnelle a pu être reportée de quelques jours. Dans la grande majorité des cas, mon collaborateur et moi étions satisfaits de la solution retenue.

En fait, la conciliation travail-vie personnelle est possible quand on fait preuve de flexibilité et que les solutions trouvées permettent d'accomplir le travail en dehors des contraintes habituelles. Généralement, ces contraintes sont temporelles ou spatiales.

Sur le plan temporel, on cherche à aménager les horaires de travail, les congés ou les vacances. Sur le plan spatial, c'est le lieu de travail qui fait l'objet d'aménagements. Au-delà des caractéristiques particulières de la conciliation travail-vie personnelle, c'est l'autonomie de l'employé qui constitue la meilleure pratique de management pour concilier les exigences du travail et celles de la vie personnelle.

Qui sont, dans l'entreprise et dans la communauté, les personnes les plus aptes à intervenir en faveur de la conciliation travail-vie personnelle ?

L'employé joue un rôle central dans la conciliation travail-vie personnelle, puisque personne d'autre ne s'interroge sur l'espace-temps accordé à son travail et à sa vie personnelle. Une réflexion est nécessaire pour vérifier si on a le contrôle sur sa vie. C'est souvent une occasion pour faire le point et apporter des changements.

Ça a été le cas d'un comité de direction qui s'interrogeait au sujet de la conciliation travail-vie personnelle et de la nécessité d'être disponible tous les soirs ainsi que la fin de semaine. Pourtant, le président de l'entreprise ne l'exigeait pas et, surtout, il n'était pas disponible en tout temps lui-même. Rapidement, les directeurs et les vice-présidents ont constaté qu'ils en faisaient trop et que leurs fonctions ne constituaient pas un service essentiel exigeant une disponibilité totale. Ils ont refusé ma suggestion d'en faire un principe de management qu'ils appliqueraient pour eux-mêmes, mais ils ont accepté l'idée de faire attention pour respecter l'espace-temps des employés.

Cet exemple démontre bien que l'emploi des mesures d'accommodement sera répandu si les conséquences n'ont pas un impact trop important sur le plan de carrière. Quand vous discutez avec des amis, surtout lorsqu'il s'agit de femmes, observez les remarques qui reviennent fréquemment : « Ma carrière va en prendre un coup ! », « On va m'oublier pour les gros projets ! » ou « J'ai choisi ma famille... ».

Disons-le, la direction de l'entreprise n'est pas nécessairement le palier de management le plus ouvert et le plus favorable à la conciliation travail-vie personnelle. Les présidents, les vice-présidents et les directeurs ne connaissent pas nécessairement cet équilibre entre le travail et leur vie personnelle. C'est malheureusement souvent la raison pour laquelle ils ont atteint cette position dans l'entreprise. Il leur est donc difficile de comprendre et d'accepter que ce qui est souvent le plus important à leurs yeux, soit le travail, ne l'est pas nécessairement pour tout le monde.

Ces managers de haut niveau ont aussi les moyens de leurs ambitions. Leur épouse demeure parfois à la maison pour s'occuper de la famille ou ils peuvent faire appel à des ressources spécialisées pour s'occuper de leurs besoins personnels ou familiaux. Malheureusement, la très grande majorité des employés ne disposent pas des mêmes moyens et doivent composer, seuls, avec les exigences du travail et de leur vie personnelle, comme l'exprime cette employée : « Je n'ai pas de conjoint qui peut m'aider avec les enfants et, avec mon salaire, il est difficile de payer une *baby-sitter* le soir à la maison. Ce n'est donc qu'une fois les enfants couchés, la maison rangée et les goûters préparés que je peux me remettre dans mes dossiers. Souvent, il est déjà 22 heures. »

Au-delà des mesures officielles (congé, horaire variable ou programme d'aide), la conciliation travail-vie personnelle prend forme dans son utilisation au travail. C'est ici que l'équipe de management a un rôle majeur à jouer pour faciliter la mise en œuvre des politiques. En effet, dans les entreprises qui favorisent la conciliation, on constate qu'on encourage aussi les managers à soutenir ces mesures, à ne pas pénaliser les collaborateurs qui y ont recours et à intervenir lorsque des commentaires désobligeants sont émis de la part de collègues. Ce soutien du manager semble essentiel, car lorsqu'il n'y en a pas, les impacts humains et organisationnels des mesures mises en place sont moins importants.

Le message à retenir est que les politiques et les mesures seules sont insuffisantes et beaucoup moins efficaces que lorsqu'on sent un appui clair des managers. Ces derniers doivent donner l'exemple, en parler régulièrement et avoir eux-mêmes une vie équilibrée. Afin de faciliter la conciliation travail-vie personnelle, leur philosophie de management doit être orientée vers l'atteinte des résultats et le bien-être des employés.

Toutefois, cet état d'esprit ne signifie pas que les employés peuvent gérer la dynamique travail-vie personnelle à leur convenance. Il convient de définir la marge d'autonomie, les zones à respecter, les orientations à suivre et l'équilibre à conserver entre chaque employé. L'établissement des possibilités et des balises pour encadrer la conciliation travail-vie personnelle sera grandement utile aux managers et aux employés.

Généralement, on voit la conciliation travail-vie personnelle comme un ensemble de mesures qui se limitent aux murs de l'entreprise. Or, on constate que les services publics peuvent aussi jouer un rôle principal et qu'il est utile que l'entreprise s'y intéresse. Par exemple, les services de transport public peuvent être informés des horaires de travail de l'entreprise. Les municipalités peuvent être contactées afin qu'elles informent les employés sur les services et les heures d'ouverture de leurs bureaux.

S'il va de soi que la conciliation travail-vie personnelle concerne l'entreprise, les managers et les employés, on oublie souvent que l'équipe de travail a aussi un grand rôle à jouer. En effet, les aménagements apportés au travail d'une personne vont inévitablement se répercuter sur la charge de travail, les horaires, les congés ou les responsabilités des collègues. Pour faciliter la conciliation et pour prévenir des conflits, un certain nombre d'éléments doivent être ciblés avant d'établir des mesures d'aménagement travail-vie personnelle :

– quel sera l'impact sur les conditions de travail (charge, horaire, congés, etc.) de l'équipe ?

– quels sont les besoins des autres membres de l'équipe en matière de conciliation travail-vie personnelle ?

– quelle est l'ambiance de travail ? Y a-t-il une bonne coopération ou existe-t-il des conflits entre les collaborateurs ? Les gens sont-ils prêts à s'entraider ?

– quel soutien le manager peut-il apporter à l'équipe ?

– Jusqu'où doit aller une entreprise pour concilier les besoins des personnes et les exigences de l'entreprise ?

Sans vouloir réduire l'importance de la conciliation travail et vie personnelle, il faut prendre garde au dérapage. Je précise aux personnes qui me consultent sur le sujet qu'il ne s'agit pas de répondre à toutes les demandes. J'explique que la direction des ressources humaines ne doit pas devenir un service à la clientèle avec, pour obligation, d'offrir tous les aménagements demandés. Pour guider les personnes dans le choix des solutions à retenir, je suggère les sept critères de décision suivants :

– quels sont les effets financiers (coûts/bénéfices) : comment la mesure proposée affectera-t-elle vos objectifs de production et quels sont les coûts et les bénéfices pour l'entreprise ?

- quelles sont les conséquences positives et négatives sur le service clients ?
- quels sont les effets sur l'équipe et les collègues : comment encourager les employés et les managers à accepter la mesure proposée ?
- quel genre de retour avez-vous reçu des employés et des managers à la suite de la mesure suggérée ?
- quels problèmes peuvent surgir dans la mise en œuvre de la mesure de conciliation ?
- quelles sont les solutions envisagées en ce qui concerne les problèmes de mise en œuvre qui ont été soulevés ?
- pouvez-vous recommander cette mesure à d'autres services de votre entreprise ou à d'autres entreprises ?

Je le rappelle encore une fois : pour éviter des débordements, je suggère aux entreprises et aux managers de mettre en place des balises (directives, règles ou mesures) pour gérer la conciliation travail-vie personnelle. Ainsi, vous n'aurez pas à moduler votre organisation du travail en fonction des demandes individuelles, mais à partir des dispositions d'ensemble que vous aurez élaborées.

Quels sont les obstacles à la conciliation travail-vie personnelle ?

Malgré le fait que de plus en plus d'employés, de managers et d'entreprises soient d'accord avec le principe d'un meilleur équilibre entre le travail et la vie personnelle, des obstacles importants demeurent. Un des premiers est la charge de travail trop lourde, le manque de temps pour faire ce qui est demandé et le manque de ressources humaines qui fait que, souvent, une entreprise a juste le personnel qu'il lui faut, et même un peu moins. Parce que les changements au travail sont tellement fréquents ou qu'ils dépendent surtout de la clientèle, il est difficile de planifier des aménagements.

Par ailleurs, ce n'est pas parce qu'il existe un programme de conciliation travail-vie personnelle que tous les employés vont y avoir recours facilement. Il reste des préjugés qui peuvent porter atteinte à la carrière. Par exemple, un jeune chef d'équipe qui prendrait un congé parental, prévu par la loi, verrait peut-être son plan de carrière ralenti, voire menacé. Oh, bien sûr, on ne le dira pas ouvertement. Toutefois, j'ai côtoyé suffisamment de comités de management, de managers ou de directeurs pour savoir que, dans les coulisses, on soulèvera ce point si on pense proposer une promotion à ce jeune chef d'équipe.

Où en êtes-vous ?

Certaines conditions doivent être réunies pour garantir le succès de l'implantation d'un programme de conciliation travail-vie personnelle. Dans mes interventions, les pratiques suivantes ressortent comme étant les plus déterminantes. En remplissant la grille d'autodiagnostic qui suit, vous aurez un aperçu rapide du degré de développement des mesures de conciliation travail-vie personnelle dans votre entreprise.

outil de diagnostic

Remplissez la grille à l'aide de la légende ci-dessous.

100 %	Nous sommes souvent en position de leader dans cette pratique ; nous pourrions nous améliorer, mais très peu.
80 %	Nous sommes souvent en position de leader dans cette pratique ; nous pourrions nous améliorer légèrement.
70 %	Nous sommes parfois en position de leader dans cette pratique ; nous devrions nous améliorer.
50 %	Nous sommes très peu en position de leader dans cette pratique ; nous pourrions nous améliorer de beaucoup.
30 %	Nous ne sommes aucunement en position de leader dans cette pratique ; nous pourrions nous améliorer considérablement.

PRATIQUES DE LEADERSHIP, DE MANAGEMENT OU DE TRAVAIL		%
LEADERSHIP	1. L'entreprise dispose d'une politique de conciliation travail-vie personnelle qui tient compte des besoins des employés, de l'entreprise et des clients.	
	2. La direction de l'entreprise donne l'exemple en matière de conciliation travail-vie personnelle.	
PRATIQUES DE MANAGEMENT	3. Il existe des mécanismes ou des pratiques de management pour aider les managers en matière de conciliation travail-vie personnelle.	
	4. Les employés peuvent recourir aux dispositions de conciliation travail-vie personnelle sans subir de conséquences négatives.	
PRATIQUES DE TRAVAIL	5. Il existe des mécanismes connus pour rapporter les besoins de conciliation travail-vie personnelle.	
	6. Les employés n'hésitent pas à avoir recours aux modalités de conciliation travail-vie personnelle.	

Une fois que vous aurez fait votre autodiagnostic, je vous suggère d'en discuter dans le contexte de votre choix (comité de direction, comité de management, groupe de travail, réunion d'équipe, etc.) afin de favoriser une prise de conscience sur les mesures de conciliation travail-vie personnelle. Les observations qui découleront de cette réflexion serviront sûrement de leviers pour planifier et amorcer les changements désirés.

Foncez !

10 actions simples

⇒ **1. Éviter d'apporter du travail à la maison**

Si certaines stratégies doivent être organisationnelles, d'autres sont individuelles. Il faut se donner une discipline de vie, garder le contrôle sur l'équilibre entre le travail et la vie personnelle. Cet équilibre passe par une stratégie personnelle qui est de s'interdire, le plus possible, d'apporter du travail à la maison. Laissez votre ordinateur portable au bureau, déposez votre *smartphone* dans votre tiroir de bureau avant de quitter l'entreprise.

➡ 2. Couper les communications avec le bureau durant les périodes de congé

Les congés sont des périodes de repos complet. Quand on procède à l'entretien d'un réacteur d'avion ou au repos d'un cheval, l'arrêt est total. C'est aussi ce que la plupart des médecins vous suggéreront : cessez toute activité pour récupérer. Puisque les congés sont aussi des périodes de récupération, il faut appliquer les mêmes principes. Ne laissez pas de numéro de téléphone, ne permettez pas qu'on vous appelle, n'apportez pas de dossier à lire, et que vous ne lirez pas de toute manière. Faites une coupure totale, votre récupération sera meilleure et vous serez plus efficace à votre retour.

➡ 3. Rentrer à la maison

Un des critères essentiels pour être en bonne santé est de conserver un contrôle sur sa vie et son horaire. Il faut savoir partir du bureau, prendre ses heures de repas, faire des pauses. Posez des limites au travail et tenez-les. Tentez de ne pas annuler des activités personnelles au profit du travail. Remettez toujours en question les décisions de travailler tard, les petits-déjeuners aux aurores ou les réunions durant le week-end.

➡ 4. Négocier ses conditions de travail avec l'entreprise

L'*empowerment* ne consiste pas seulement dans le fait de maîtriser son travail et d'avoir un mot à dire sur la manière dont les choses doivent être faites. C'est aussi maîtriser ou influer sur les conditions de son travail. Il est donc indispensable de discuter des aménagements qui doivent être apportés à cause des obligations personnelles. Bien sûr, il ne s'agit pas de répondre aux désirs de tout un chacun. L'entreprise a aussi ses contraintes et il faut en tenir compte. Cependant, lorsqu'il s'agit de besoins essentiels pour conserver son équilibre physique ou mental, ou encore répondre à des contraintes personnelles importantes, il est essentiel d'en discuter avec un supérieur et de tenter de trouver des aménagements favorables aux deux parties.

➡ 5. Créer un environnement de travail plus favorable

Il est vivement conseillé d'impliquer les employés pour tenter de trouver des mesures qui conviennent à tous et de les informer des politiques et des mesures disponibles pour mieux concilier travail et vie personnelle. Il faut aussi encourager les employés à faire usage des mesures existantes et insister sur le fait que leur carrière n'en sera pas menacée. Si certains collaborateurs travaillent avec des horaires irréguliers (soir, nuit ou week-end), vous pouvez offrir des services (garderie, service de restauration, etc.) qui pourront les aider à remplir leurs obligations familiales ou personnelles.

➡ 6. Élaborer un programme d'équilibre travail-vie personnelle

La recherche d'un équilibre entre le travail et la vie personnelle ne doit pas relever de la seule responsabilité de la personne, et l'entreprise ne doit pas uniquement répondre aux demandes des employés, au cas par cas. Il est aussi essentiel de considérer cette question comme une fonction de management et de disposer de balises, règles et procédures pour gérer cette question souvent délicate. Un programme précis de conciliation travail-vie personnelle est une solution efficace.

➡ 7. Prendre conscience que trop travailler est mauvais pour la santé

Les recherches sont de plus en plus nombreuses à montrer la relation entre le trop grand nombre d'heures travaillées et l'apparition de maladies physiques, et surtout de maladies cardiovasculaires. La direction de l'entreprise et les employés doivent en être conscients.

Du côté de la direction de l'entreprise, voici certains points à propos desquels il faut prendre une décision :
- le nombre d'heures travaillées par semaine ;
- la période de disponibilité des managers ;
- le travail le soir et le week-end ;
- la quantité et la durée des déplacements.

Chaque personne doit :
- connaître la place du travail dans sa vie ;
- savoir quelle part de contrôle elle a sur les contraintes professionnelles ;
- connaître sa capacité à dire non ;
- connaître son état de santé physique et mental.

➡ 8. Considérer que la conciliation travail-vie personnelle n'est pas juste une question d'horaire

Étant donné les transformations du monde du travail, le temps passé au travail n'est plus le seul aspect sur lequel il faut agir pour mieux concilier le travail et la vie personnelle. Les moyens de communication électroniques (courriels, portable et *smartphone*) ont aussi des répercussions considérables sur la qualité du temps passé à la maison. Il faut donc créer des frontières étanches entre le travail et la vie personnelle en relation à des aspects autres que seulement celui des horaires.

➡ 9. Favoriser un soutien informel

En règle générale, lorsqu'on pense aux mesures de conciliation travail-vie personnelle, on imagine tout de suite des directives, des programmes, des règles et des mesures bien spécifiques. Il est tout aussi nécessaire de favoriser un soutien informel pour faciliter le choix des aménagements. Par exemple, le soutien d'un manager qui envisage favorablement la prise d'un congé de maternité est important. Le soutien des employés qui acceptent l'absence d'un collègue aux prises avec des problèmes personnels est tout aussi important que le lot de mesures et politiques officielles.

➡ 10. Soutenir les managers dans la mise en œuvre d'un programme de conciliation travail-vie personnelle

Le manager est toujours celui qui doit mettre en œuvre les principes et les directives élaborés par la direction de l'entreprise. Pour que la conciliation travail-vie personnelle fonctionne bien, il est essentiel de soutenir les managers. Voici quelques conseils :

– constituer une banque de solutions qui pourront servir d'exemples ;

– analyser avec eux des cas particuliers pour qu'ils découvrent les options possibles ;

– encourager et soutenir les managers convaincus qu'il faut intervenir auprès de leurs collègues.

À RETENIR

- La conciliation travail-vie personnelle prend des formes multiples et n'est plus uniquement une revendication portée par les femmes.

- Étant donné la plus grande proportion de personnes célibataires, les programmes doivent offrir des aménagements aux familles et aux personnes seules ou sans enfant.

- Ce n'est pas l'équilibre qu'il faut rechercher, mais une conciliation, la plus juste possible, entre les besoins des gens et les exigences des entreprises.

- Les entreprises qui favorisent la conciliation encouragent aussi les managers à soutenir ces mesures, à ne pas pénaliser les employés qui y ont recours et à intervenir lorsqu'il y a des commentaires désobligeants de la part de collègues.

- Les employés ne peuvent pas gérer la dynamique travail vie-personnelle à leur convenance. Il faut donc définir la marge d'autonomie, les zones à respecter et les orientations à suivre.

- Les aménagements apportés au travail d'une personne se répercuteront inévitablement sur la charge de travail, les horaires, les congés ou les responsabilités des collègues.

- En règle générale, on voit la conciliation travail-vie personnelle comme un ensemble de mesures qui se limitent aux murs de l'entreprise. Or, les services publics peuvent aussi jouer un rôle majeur.

Chapitre 6

Contrôlez la charge de travail

« Depuis mon *burnout*[1], j'ai deux stratégies personnelles
pour gérer ma charge de travail. Quand mon patron me remet
un dossier important, je lui demande de m'en retirer un autre,
car je connais mes limites maintenant. À d'autres moments,
j'attends qu'il formule sa demande une seconde fois...
C'est fou le nombre de choses qui tombent, finalement. Ah ! ah ! »

Un responsable opérationnel

Le travail à la chaîne démontré par Charlie Chaplin dans son film *Les temps modernes* donne l'exemple d'un employé totalement soumis au rythme de production imposé par le patron de l'usine. Est-ce vraiment une affaire du passé ? On peut en douter car, à l'heure actuelle, il est clair que la charge de travail augmente partout dans le monde. On se dit débordé par le travail et on manque de temps pour terminer une ou plusieurs tâches, dossiers ou interventions. On constate qu'on n'a pas vu passer sa journée. On discute avec des collègues du fait que la tâche devrait être moins lourde et que plus d'employés devraient être embauchés. Nos enfants ne supportent plus de nous voir travailler le soir ou la fin de semaine.

Qu'on soit aux États-Unis, au Canada, en Europe ou en Asie, de nombreuses enquêtes en arrivent au même constat : la quantité de travail à réaliser pour une seule personne est en nette progression. En 2002, 58 % des employés américains affirmaient devoir travailler avec

---

1. Le mot anglais *burnout* signifie saturation, épuisement, et désigne le syndrome d'épuisement professionnel [ndlE].

beaucoup d'acharnement pour s'acquitter de leurs tâches quotidiennes ; cette proportion était de 25 % en 1977 ! La dernière enquête réalisée en 2000 par la Fondation européenne pour l'amélioration des conditions de vie et de travail (*European Foundation for the Improvement of Living and Working Conditions*) conclut que 56 % des employés européens estiment travailler à un rythme effréné et 60 % disent avoir des délais très serrés.

Les sondages que nous avons réalisés, mon équipe et moi, démontrent eux aussi que 55 % des employés considèrent travailler avec des contraintes de temps. Cette intensification généralisée du travail se répercute sur la santé, puisque 24 % des employés ressentent tout le temps ou presque tout le temps une fatigue générale. Cette fatigue a des répercussions économiques considérables. Dans une étude récente sur la main-d'œuvre américaine[1], on met en évidence le fait que les employés qui présentent des symptômes de fatigue coûtent annuellement 136,4 milliards de dollars aux employeurs en perte de temps, comparativement à 101 milliards pour les employés sans symptôme de fatigue.

Tous les spécialistes du travail sur la planète, qu'il s'agisse d'économistes, de sociologues, de médecins ou de psychologues, s'entendent pour dire que depuis les vingt dernières années, la quantité de travail est en augmentation, le temps pour le faire plus court, la planification tronquée, la diversité des produits et des services presque illimitée. À cela s'ajoutent des contraintes simultanées de qualité et de sécurité ainsi que des délais de plus en plus courts entre la commande et la livraison.

Cette augmentation de la quantité, du rythme et des contraintes est en lien étroit avec les exigences de la compétitivité mondiale, les enjeux de la mondialisation, les requêtes de la clientèle, l'appétit des actionnaires de même qu'avec le développement de méthodes de production visant une plus grande efficacité des entreprises. Pour reprendre les propos de

---

1. RICCI, J.A., CHEE, E., LORANDEAU, A.L. et BERGER, J. « Fatigue in the U.S. Workforce : Prevalence and Implications for Lost Productive Work Time », *Journal of Occupational and Environmental Medicine*, vol. 49, n° 1, janvier 2007, p. 1-10.

Zaki Laïdi dans son livre intitulé *La tyrannie de l'urgence* (Cerf, 1999), nous vivons dans un monde où l'urgence ne nie pas le temps, mais elle le surcharge d'exigences inscrites dans la seule immédiateté.

Tout compte fait, la recherche de l'efficacité ne signifie pas toujours une amélioration du bien-être au travail. Voici comment cette opératrice d'une usine pharmaceutique exprime ce constat : « On a mis sur pied un programme d'amélioration continue (*kaïzen*) dans notre section de l'embouteillage. On a rapproché les équipements et rapatrié une partie du service d'entretien, qui était de l'autre côté de l'usine.

« Quelques semaines après ce nouvel aménagement des postes de travail, nous avons été plusieurs à constater qu'on avait beaucoup moins de temps pour récupérer et souffler un peu. Avant, il fallait attendre le technicien de l'entretien, alors que maintenant, il est tout à côté. Ça semble peu de chose, mais les quarante-cinq secondes d'attente qu'on avait à quelques reprises dans la journée, eh bien, elles nous manquent ! Je dois avouer qu'à la fin de la journée, je me sens plus fatiguée ! »

Les changements qui ont été mis en place par cette équipe ont certainement contribué à améliorer la production, mais ils ont aussi eu pour effet d'entraîner une mobilisation accrue des travailleuses en éliminant des périodes de récupération. Il en résulte des effets positifs sur la production, mais négatifs sur le bien-être des personnes !

Parallèlement à l'utilisation de ces nouvelles approches de réingénierie dans les processus de production, je constate que les entreprises ont cessé, depuis bien longtemps, d'évaluer la charge de travail de leurs employés et de leurs managers. Au cours d'une enquête réalisée sur le stress au travail dans trois grandes entreprises privées et publiques, j'ai demandé aux managers comment était gérée la charge de travail, s'ils avaient des méthodes, des outils, des directives ou des recours pour ajuster les tâches demandées

Quand une entreprise ne dispose pas d'outil de management pour intervenir sur un problème, c'est qu'elle ne le gère pas.

aux employés et ce qu'ils étaient capables de faire. Dans tous les cas, rien n'était disponible ! La réponse est toujours la même : « Nous ne disposons pas d'outil particulier ou de méthode pour évaluer la charge de travail, mais si les gens sont surchargés, ils peuvent venir nous en parler. » J'enseigne le management depuis quinze ans, et quand une entreprise ne dispose pas d'outil de management pour intervenir sur un problème, c'est qu'elle ne le gère pas ; elle improvise ou récupère après coup.

Aujourd'hui, un des seuls aspects de la charge de travail qui est évalué est la dimension physique. En effet, les ergonomes, les ingénieurs et les médecins disposent d'outils pour mesurer les efforts physiques au travail : mesure de la force musculaire à l'aide d'un dynamomètre ou des contractions musculaires grâce à l'électromyogramme, étude du rythme cardiaque ou de la tension artérielle. Grâce à ces outils, les spécialistes ont réussi à diminuer certains aspects de la pénibilité physique du travail. On n'a qu'à penser aux systèmes de manipulation des charges lourdes, aux aménagements ergonomiques des postes de travail ou à l'automatisation de tâches entraînant des postures contraignantes. Ces changements sont importants et ont eu un effet majeur sur la pénibilité du travail, mais ils ne règlent pas toute la question de la charge de travail.

Les outils dont on dispose pour mesurer les aspects pénibles du travail n'ont pas leur équivalent pour mesurer les aspects plus virtuels du travail (concentration, vigilance, rapidité, superposition des tâches, complexité, impact des décisions, surveillance, etc.). Toutefois, je ne blâme pas uniquement les entreprises, les cabinets d'ingénieurs ou les services de ressources humaines. J'interpelle aussi les spécialistes en organisation du travail, en management et en psychologie industrielle qui suggèrent très peu d'outils ou de méthodes pour évaluer le travail réalisé.

En effet, quels sont les outils pour estimer la charge de travail d'un manager, d'un travailleur social, d'un ingénieur ou d'un informaticien ? Oh, bien sûr, on peut se baser sur le nombre d'employés sous la supervision du manager, la quantité de domiciles à visiter pour le travailleur social, l'ampleur du projet de l'ingénieur ou la quantité de modifications que doit apporter l'informaticien au logiciel. Mais cela n'est pas représentatif de toutes les dimensions du travail ! La charge de travail du manager n'est pas la même si ses collaborateurs sont dans des régions différentes, la charge de travail du travailleur social dépend aussi de la gravité de ses cas, la charge de travail de l'ingénieur dépend aussi du nombre de sous-traitants participant au projet et la charge de travail de l'informaticien repose aussi sur la vitesse du réseau informatique et des équipements qu'il a à sa disposition. Comme vous pouvez déjà le percevoir, la charge de travail n'est pas qu'une question de quantité de travail à faire.

Que veut donc dire être surchargé, manquer de temps, devoir faire trop vite, ne pas pouvoir récupérer ? Quand je demande à mes collègues comment ça va, la réponse est la même dans 99 % des cas : « Oh ! Je suis débordé ! », « Ouf… Je n'arrête pas ! », « Ah ! Je ne sais pas quand ça va finir ! » Ce qu'ils expriment dans ces commentaires, c'est une surcharge de travail. Mais qu'en est-il de la charge de travail ? Dans ce qui suit, j'explorerai avec vous les aspects sous-jacents de la charge de travail.

Une nouvelle vision de la charge de travail

Traditionnellement, la charge de travail se définit par la quantité de travail à faire, le seuil à respecter sur le plan physique, et elle se définit aussi par les limites cognitives à ne pas dépasser en matière de traitement de l'information. Le mot même, charge, fait automatiquement penser au poids et à la quantité que représente le travail, mais aujourd'hui, au XXIᵉ siècle, ce n'est plus tout à fait le cas.

Notre société est de moins en moins basée sur une économie industrielle, et de plus en plus sur une économie de service. Le travail est encore physique (lever, tirer ou pousser), mais il est surtout intellectuel (analyser, décrire, inspecter, surveiller, etc.). Il est aussi moins concret (tonnes de charbon à transporter, nombre de voitures à fabriquer ou distances à parcourir) et plus virtuel (excellence du service, précision de la réponse ou satisfaction du client).

Ces diverses transformations des entreprises et du travail doivent nous conduire à revoir la notion de charge de travail afin d'en gérer tous les aspects, anciens comme nouveaux, qui ont un effet sur le bien-être des personnes et sur l'efficacité des entreprises. Je propose trois dimensions qui offrent une définition plus actuelle de la charge de travail[1] :

1. ce qui est demandé ;

2. ce qui est ressenti ;

3. ce qui est réellement fait.

Ce qui est demandé

Cette première composante de la charge de travail, ce qui est demandé, correspond aux exigences de production de l'entreprise. Elle englobe les objectifs de performance sur le plan quantitatif (nombre, durée ou ampleur) et des objectifs qualitatifs (satisfaction, confiance, réputation ou loyauté). Cette composante correspond à ce qui est visible dans le travail, écrit dans des descriptions de tâches, des objectifs de rendement, des définitions de mandat ou des plans d'amélioration.

Toutefois, ce qui est demandé n'est pas toujours ce qui est fait ; le travail est quelque chose qui évolue rapidement. Votre journée de travail d'hier n'est pas la même que celle d'aujourd'hui, et celle-ci sera différente demain. Une directrice commerciale a tenté de m'expliquer la complexité de son travail.

Carole travaille dans une grande institution financière et y occupe le poste de directrice commerciale depuis deux ans ; elle aime son travail et se donne à 100 %. Ses clients sont satisfaits, ses collègues apprécient

---

1. Le modèle présenté est inspiré des auteurs suivants : FALZON, P. et SAUVA-GNAC, C. « Charge de travail et stress », dans FALZON, P., *Fondements théoriques et cadres conceptuels*, Paris, PUF, 2004, p. 175-190.

beaucoup son dynamisme et sa grande disponibilité. Mais depuis trois mois, Carole a l'impression qu'on lui donne souvent de nouvelles missions, et elle commence à se poser des questions, car la qualité du service auprès de sa clientèle en souffre. Dernièrement, son patron lui a demandé de s'impliquer dans un projet d'informatisation ; elle a dit oui du bout des lèvres, se demandant comment elle ferait pour y arriver : travailler le soir, couper sur la pause déjeuner, ne plus parler avec les collègues... Elle ne savait pas comment elle s'en sortirait. Son patron semblait surpris de sa réaction plutôt mitigée, mais il n'a rien dit.

Durant notre rencontre, j'ai demandé à Carole ce qu'elle faisait. Elle m'a répondu : « Je suis directrice commerciale. » J'ai rétorqué : « Non, ça, c'est votre titre. Je veux savoir ce que vous faites quotidiennement. » Elle m'a lancé, en riant : « J'espère que vous avez du temps, parce que ça va être long ! » Après deux heures d'entretien avec Carole, j'avais dressé une liste de trente-cinq activités, missions, projets ou responsabilités de toutes sortes. Nous avons aussi découvert que bon nombre de ces activités étaient régulièrement interrompues, réalisées simultanément ou avec les mêmes échéances malgré les tâches qui s'ajoutaient.

La charge de travail n'est donc pas uniquement affaire de quantité d'activités, mais aussi la superposition de celles-ci pouvant entraîner des conflits d'horaire : réunions au même moment, délais de livraison le même jour ou réponses à fournir la même journée exigeant donc la même quantité de travail. Ces interruptions fréquentes semblent être un fléau important, car 73 % des personnes interrogées à mes sondages indiquent que leurs tâches sont souvent interrompues et qu'elles doivent y revenir plus tard.

Moins de travail pour la personne n'entraîne pas moins de capital pour l'entreprise.

Constatant l'ampleur de ses tâches, elle m'a dit : « Je ne pensais pas que je faisais tout ça, je n'en étais pas consciente, mais j'en ressentais les effets ! Je comprends mieux maintenant pourquoi je me sens épuisée à la fin de mes journées de travail. Avant, je pensais que c'était dû à mon âge ! » Elle-même n'avait jamais pris le temps d'analyser son travail, d'inventorier ses tâches, d'énumérer les comités ou de totaliser le nombre de fois où on lui demande d'aider un collègue. Non seulement Carole n'avait pas cette vision d'ensemble, mais son patron et ses collègues non plus. À la fin de notre rencontre, j'ai suggéré à Carole de mettre au propre la liste que nous avions faite, de placer les activités par catégories (réunions, visites aux clients, consultations, etc.) et de rencontrer son patron pour en discuter.

Je l'ai revue quelques semaines plus tard. Elle avait bel et bien discuté avec son patron, et ce dernier avait été surpris par la quantité de tâches et trouvait lui aussi qu'il y en avait beaucoup trop. Il avait ajouté qu'il ne voulait pas la perdre comme directrice commerciale, car elle avait beaucoup de potentiel. Ensemble, ils se sont entendus pour lui retirer quelques projets et deux missions qui lui prenaient beaucoup de temps.

Pour Carole, cela a été un réel soulagement ; elle sentait qu'elle reprenait le contrôle sur son travail et pouvait continuer à offrir un service de qualité à ses clients. Un peu plus tard, j'ai suggéré à son patron de faire le même exercice avec tous ses collaborateurs, car je sentais que Carole n'était pas la seule à vivre cette situation de surcharge de travail. En plus d'améliorer le bien-être de ses collaborateurs, il pouvait aussi améliorer l'efficacité et la productivité de son service. Il est intéressant de constater qu'une charge de travail adéquate et un rythme de production adapté aux capacités humaines sont liés à une bonne performance économique. Moins de travail pour la personne n'entraîne donc pas moins de capital pour l'entreprise.

Nous concevons tous la charge de travail comme l'expression de ce que nous devons faire, mais ce qui est fait ne résume pas toute la charge de travail. Autrement dit, ce qui n'est pas terminé, ce qui a été abandonné ou ce que nous cherchons à faire sans y parvenir fait aussi partie du volume de la charge de travail. Ces parties dissimulées du travail, ce que nous pourrions appeler l'ombre du travail, pèsent dans la balance et donnent à l'individu le sentiment d'être débordé.

Ce qui est ressenti

Pour bien définir la charge de travail, il ne s'agit pas uniquement de préciser ce qui est demandé. Il est important aussi d'interroger les employés sur ce qu'ils ressentent, car la charge de travail n'a pas le même effet d'une personne à une autre. Pour un même travail, une personne se sentira débordée et l'autre considérera que tout va très bien. Qui a tort et qui a raison ? En règle générale, dans les entreprises, on a tendance à penser que c'est la personne qui se plaint qui a tort, mais est-ce vraiment le cas ?

Dans l'exemple qui suit, vous verrez que l'action sur la charge de travail peut se faire en changeant les conditions dans lesquelles s'exerce le travail, comme vous l'avez vu dans la section précédente, mais aussi en agissant sur l'employé.

Un jour, un mécanicien travaillant dans l'industrie de l'aéronautique m'expliquait qu'il se sentait très stressé et épuisé en raison du travail à faire. Depuis deux mois, il devait utiliser une nouvelle machine de haute précision pour fabriquer des engrenages. Le degré de précision exigé se mesurait au micron près. « À la fin de chaque journée de travail, je suis épuisé, j'ai de la difficulté à me concentrer et j'ai peur de faire des erreurs ! » m'a-t-il dit.

Au cours de notre conversation, j'ai su qu'il n'avait pas reçu la formation complète pour pouvoir manipuler une telle machine. Un employé lui avait expliqué, en une matinée, comment faire, mais c'était tout. Il avait appris le reste sur le tas, par tâtonnements. Selon lui, la quantité de travail à faire était adéquate ; le problème résidait plutôt dans le fait qu'il ne se sentait pas en pleine maîtrise du processus. Il avait souvent peur de se tromper, de gaspiller des pièces très coûteuses, de se faire réprimander par son chef. Dans son cas, la solution ne consistait donc pas à diminuer sa charge de travail ou à lui fournir un assistant pour qu'il atteigne ses objectifs de production. La solution résidait dans le développement de ses compétences et de son expertise.

Si je ne m'étais pas intéressé à ce que vivait ce mécanicien, à ce qu'il ressentait par rapport à sa tâche, nous n'aurions pas pu établir un diagnostic précis par rapport à sa charge de travail. Si ce mécanicien était allé voir son chef en disant tout simplement « J'ai trop de travail », ce dernier aurait regardé autour de lui en disant : « Vous faites le même travail que les autres, et votre production est même moins élevée. Où est le problème ? Moi, je n'en vois pas ! » Ce mécanicien serait retourné à son poste de travail insatisfait, avec le sentiment d'être incompris, et sans réelle solution pour diminuer son stress et ses craintes à l'égard du travail à faire.

Ce qui s'est passé réellement est tout autre. Après notre entretien, ce mécanicien est allé rencontrer son chef d'équipe et lui a fait part du stress qu'il vivait. Je lui avais conseillé de préciser dès le départ que son problème n'était pas dû à la quantité de travail, afin de ne pas provoquer une réaction de fermeture de la part de son chef. Il a décrit les connaissances qu'il n'avait pas, ce qu'il appelait les « trous de compétences », et a suggéré à son patron d'avoir quelques journées d'accompagnement avec un collaborateur plus expérimenté pour contrer ces difficultés. Le chef d'équipe a été très ouvert à sa demande, et tout a été mis en place dès la semaine suivante.

Poursuivons notre analyse de la charge de travail. Au cours de mes recherches-actions sur le stress au travail, j'ai pris connaissance d'un effet pervers, d'un cercle vicieux en ce qui concerne la surcharge de travail. Au moment de la mise en place d'un groupe de travail dans une mairie, il a été difficile de trouver des managers qui voulaient et qui pouvaient faire partie du comité visant à la réduction du stress. Les quelques managers qui ont accepté désiraient vraiment améliorer la situation de leurs collaborateurs et, par le fait même, leur situation personnelle. Toutefois, il a été très difficile de maintenir leur présence à chaque réunion. Les motifs d'absence étaient divers : réunion urgente, convocation par le directeur général, problèmes de dernière minute, etc.

Durant une réunion de travail à laquelle assistaient les chercheurs participant à ce projet, j'avais fait la remarque suivante : la charge de travail des managers les empêche de résoudre leur problème de surcharge de travail.

Ce paradoxe a été confirmé par le reste de l'équipe, qui faisait mention de situations similaires. Ainsi, non seulement la charge de travail nuisait au bien-être et à l'efficacité, mais elle nuisait aussi à l'élimination de cette contrainte. Surchargés de travail, les employés et les managers n'avaient même pas le temps de s'occuper de leur bien-être. Ils ne faisaient qu'encaisser.

Il est donc essentiel de définir la charge de travail en tenant compte de ce que ressent l'employé à l'égard de sa propre charge de travail. L'interprétation de cette expérience subjective peut être perçue positivement, comme un épanouissement professionnel, ou se manifester de manière négative : détresse psychologique, inquiétudes, incertitudes constantes, démotivation, épuisement ou irritabilité.

Ce qui est réellement fait

La charge de travail est l'addition de ce qui est demandé par l'entreprise et de ce qui est ressenti par l'employé. Il est indispensable de prendre en considération ces deux composantes pour agir efficacement, sinon il manque des pièces lorsque vient le moment de définir la quantité de travail à faire. Cette équation est courante chez les ingénieurs de production. Pour définir un processus de production, ils estiment la quantité d'opérations réalisées, le nombre de déplacements des bras mécanisés, les torsions dans les conduits hydrauliques ou la demande en énergie. L'ingénieur évalue aussi les effets sur les équipements (ce qui est ressenti, si j'ose dire, par la machine) : les pressions sur les joints mécaniques, les tensions sur les boyaux hydrauliques, la corrosion des points de fusion et bien d'autres paramètres mécaniques, électriques ou chimiques.

Ce que je veux faire valoir ici, c'est que l'estimation de ce qui est demandé et de ce qui est ressenti est quelque chose qui se pratique régulièrement en entreprise. Ce n'est donc pas nouveau comme processus de gestion des opérations. Ce qu'il faut faire, c'est changer la cible de l'évaluation, qui ne doit plus être uniquement un équipement industriel, mais un être humain. En fait, il s'agit de se poser deux questions :

1. qu'est-ce qui est demandé à la personne ?

2. qu'est-ce qui est ressenti par cette personne ?

À partir de ces deux questions, voici comment on peut analyser le travail d'un gérant de magasin d'une chaîne de distribution alimentaire.

D'abord, il convient de savoir ce qui est demandé à un gérant de magasin. Voici quelques-unes de ses tâches, telles que définies par la maison-mère :

— superviser et coordonner le personnel ;

— s'assurer de la qualité du service à la clientèle ;

— gérer le budget, les ventes et les activités du magasin ;

— contrôler les stocks et l'approvisionnement ;

— diriger les plans de marketing et de mise en marché des produits et des services.

Voyez maintenant ce que les gérants disent lorsqu'ils parlent de leur travail :

« Nous ne sommes pas du tout formés pour gérer les conflits interpersonnels. »

« Le développement des marchés externes (présence dans des festivals, foires, fêtes, etc.) s'ajoute à nos activités régulières et diminue notre temps de présence dans la succursale. Cela nous oblige à revenir tard le soir pour préparer la journée du lendemain. »

« La prise de congé est difficile, car nous n'avons pas d'adjoint. C'est l'employé le plus ancien qui gère le magasin durant nos jours de congé. Il nous arrive même de venir au magasin pour voir si tout va bien, ou on a hâte de revenir le lendemain d'un congé pour s'assurer que tout s'est bien passé. »

« Le quotidien est tellement prenant que je n'ai pas le temps de développer mes compétences techniques pour l'utilisation efficace du nouveau système informatique. Les activités quotidiennes bouffent tout notre temps. »

La charge de travail réelle est donc la combinaison de ce qui est demandé et de ce qui est vécu ou ressenti par les gérants de magasin. Généralement, les entreprises ne disposent d'aucun outil pour évaluer ces deux éléments. Au cours d'une de mes enquêtes, j'ai demandé à plusieurs entreprises si elles évaluaient la charge de travail. Dans tous les cas, on m'a répondu que non, en précisant toutefois que les employés pouvaient venir parler de leur charge de travail à n'importe quel moment. Je peux conclure de ces réponses qu'on ne gérait pas la charge de travail. En effet, lorsqu'on gère une activité, on dispose d'outils de management, de lignes directrices, de directives, d'orientations ou de critères, ce qui n'était pas le cas de ces trois entreprises.

Où en êtes-vous ?

La charge de travail est un aspect principal du bien-être au travail et aussi de l'efficacité des entreprises. Il faut donc prendre soin d'évaluer si toutes les conditions sont en place pour favoriser une intervention sur cette question. En remplissant la grille d'autodiagnostic ci-après, vous aurez un bref aperçu des principales mesures à prendre pour bien gérer la charge de travail des employés et des managers.

outil de diagnostic

Remplissez la grille à l'aide de la légende ci-dessous.

100 %	Nous sommes souvent en position de leader dans cette pratique ; nous pourrions nous améliorer, mais très peu.
80 %	Nous sommes souvent en position de leader dans cette pratique ; nous pourrions nous améliorer légèrement.
70 %	Nous sommes parfois en position de leader dans cette pratique ; nous devrions nous améliorer.
50 %	Nous sommes très peu en position de leader dans cette pratique ; nous pourrions nous améliorer de beaucoup.
30 %	Nous ne sommes aucunement en position de leader dans cette pratique ; nous pourrions nous améliorer considérablement.

PRATIQUES DE LEADERSHIP, DE MANAGEMENT OU DE TRAVAIL		%
LEADERSHIP	1. La direction générale a établi des principes directeurs en matière de management de la charge de travail des employés.	
	2. La charge de travail des managers a fait l'objet d'une évaluation afin de favoriser une plus grande présence auprès de leurs collaborateurs.	
PRATIQUES DE MANAGEMENT	3. Il existe des outils pour tenir compte de la charge de travail des employés (analyse de tâches, évaluation du rendement, etc.) lorsque de nouvelles tâches sont assignées.	
	4. Les managers mettent en place des actions concrètes pour diminuer la charge de travail de leurs collaborateurs.	
PRATIQUES DE TRAVAIL	5. Les employés peuvent aisément parler de leur charge de travail avec leur superviseur.	
	6. Les employés peuvent demander et obtenir de l'aide lorsqu'ils se sentent surchargés.	

© Groupe Eyrolles

Une fois que vous aurez fait votre autodiagnostic, je vous suggère d'en discuter dans le contexte de votre choix (comité de direction, comité de management, groupe de travail, réunion d'équipe, etc.) afin de mettre en place des actions visant une intervention sur la charge de travail du personnel.

Foncez !

10 actions simples

⇒ 1. Évaluer la charge réelle de travail

Pour déterminer la charge de travail d'un employé, il est essentiel de regarder deux composantes.

Dans un premier temps, il faut déterminer ce qui est demandé (quantité, délais, intensité, rythme). Pour ce faire, il faut analyser les descriptions de tâches, consulter les rapports de production ou de rendement, discuter avec les managers pour connaître les objectifs à atteindre.

Dans un second temps, il faut analyser le travail qui est réellement fait, ce qui est vécu, et trouver tout ce qui n'a pas été mentionné à l'étape précédente. Il faut porter une attention particulière aux éléments suivants : tâches supplémentaires, degré de difficulté, délais d'attente, manque de coordination avec les autres postes, interruptions, tâches reportées, etc.

C'est à partir de ces deux composantes que doit être évaluée la charge de travail d'une personne, et pas seulement à partir de sa description de tâches.

⇒ 2. Dire NON !

Dire non à une demande de participation à une réunion ou encore à une sollicitation pour changer les objectifs de votre travail pourrait vous aider à terminer à temps un dossier, à consacrer plus de temps à vos clients, à éviter d'être en retard à un rendez-vous. Dire non permet souvent de briser le cercle vicieux de la course contre la montre et de prendre le temps de faire les choses au lieu que le temps vous prenne !

Il est important de soulever des arguments positifs et d'expliquer que votre refus est motivé par le désir de bien faire un travail commencé, le souci de ne pas être en retard, qui sont des qualités que votre interlocuteur reconnaîtra très certainement.

➡ 3. Réduire la charge de travail des managers

Les managers ont une charge de travail qui ne cesse d'augmenter et ils peuvent difficilement dire non à ce qu'il leur est demandé. Cette surcharge de travail est néfaste pour leur bien-être, pour leurs relations avec leurs collaborateurs et pour le fonctionnement de l'entreprise. Il existe des solutions simples, mais qui exigeront du courage :

– établir un nombre maximal de groupes de travail auxquels doit participer chaque manager ;
– réserver des périodes de travail durant lesquelles aucune réunion n'est permise afin d'avoir le temps d'être auprès des employés ;
– réévaluer la pertinence des rapports administratifs demandés ;
– diminuer ou reporter les projets organisationnels à réaliser.

➡ 4. Recruter du personnel

Il y a un moment où on ne peut pas faire plus avec moins. Les entreprises ont subi d'innombrables compressions de personnel au cours des dernières années et les contraintes ont augmenté. Dans certains cas, il est clair que la solution à la surcharge de travail consiste à recruter du personnel.

Cette situation n'est pas uniquement le lot des employés ; les managers vivent aussi des contraintes semblables. La portée de commandement est souvent trop grande, ce qui veut dire que le ratio employé-management est trop élevé.

Il est donc essentiel de bien documenter les faits, dans le but de faire pencher la décision de la direction de l'entreprise en faveur de la création de nouveaux postes ou en faveur du remplacement du manager absent, par exemple.

➡ 5. Dresser une liste des choses « à ne pas faire » (not-to-do list)

Dans un monde d'efficacité, d'urgence et de quantité, nous avons développé un ensemble d'outils pour gérer notre temps et nos priorités. Les listes de choses à faire (to-do list) en sont le meilleur exemple. Ce genre d'outil est utile, car il permet d'organiser notre charge, ou surcharge, de travail. En revanche, de tels outils comportent aussi un piège, qui est celui d'ajouter constamment une petite tâche, une idée qui serait intéressante, un projet novateur, etc. Paradoxalement, ces organisateurs professionnels constituent d'excellents moyens pour augmenter la charge de travail.

Pour diminuer réellement votre charge de travail, faites une not-to-do list. Celle-ci doit être une occasion de déterminer les éléments de votre travail réel qui ne relèvent pas de vous. Voici quelques éléments pour commencer à dresser une telle liste :

- clarifier et prendre conscience de son rôle et de ses tâches ;
- déléguer le travail administratif ;
- définir les tâches qui font perdre beaucoup de temps.

➡ 6. Discuter avec les personnes pour savoir ce qu'elles ressentent au travail

La charge de travail n'est pas simplement une question de quantité. De plus en plus d'aspects de la charge de travail ne se voient pas, car ils sont virtuels : la complexité, la précision, la qualité ou la finesse des actions à mettre en œuvre ou des décisions à prendre. Il est essentiel de parler avec ses collaborateurs pour connaître cette face cachée de la charge de travail. Pour améliorer le bien-être au travail et l'efficacité des entreprises, il est donc impératif de s'intéresser à ce qui est ressenti par les personnes dans l'exercice de leurs fonctions.

➡ 7. Faire participer les personnes pour définir leur charge de travail

La charge de travail n'est pas qu'une question de quantité, et la solution à une surcharge de travail ne réside pas dans le seul fait de diminuer la quantité de travail. Impliquer les personnes concernées, celles qui croient être victimes d'une surcharge, est un moyen assez efficace. C'est une occasion de définir ce qui est à faire, d'ajuster et peut-être de diminuer le travail à faire. En fait, les gens acceptent mieux ce qu'ils doivent faire et la quantité de travail à réaliser à partir du moment où ils peuvent faire valoir leurs points de vue.

➡ 8. Réduire les interruptions

La charge de travail n'est pas seulement une question de quantité, mais touche aussi les modalités pour l'exécuter. Des interruptions de toute nature interfèrent beaucoup avec la réalisation du travail et constituent une source importante d'irritation, tels que les courriels, coups de téléphone, visites impromptues, etc.

Voici quelques trucs pour en limiter les répercussions négatives :

- fermer sa messagerie pour demeurer concentré ;
- répondre massivement à ses messages, et non au fur et à mesure de leur arrivée ; réserver une période en fin de matinée et en fin de journée pour y répondre ;

- ne pas répondre au téléphone si on doit terminer un travail dont les délais sont serrés.

⇒ 9. Protéger du temps au retour des vacances

Combien de fois ai-je entendu des personnes dire qu'elles payaient le fait de partir en vacances et que le retour au travail était toujours un enfer ?

Pour ma part, j'ai développé la stratégie suivante : j'indique dans ma boîte vocale et dans mes messages d'absence que je suis de retour au travail deux jours plus tard que la date réelle. Cela me donne une période de temps suffisante pour passer à travers la pile de choses qui m'attend. J'évite aussi de répondre au téléphone pendant ces deux jours. Cela n'élimine pas tout, mais permet de réduire considérablement le choc du retour, et de ne pas anéantir trop rapidement les effets si bénéfiques des vacances.

⇒ 10. Refuser une charge de travail additionnelle quand l'équipe est déjà débordée

La charge de travail ne vise pas uniquement une personne. Souvent, les nouvelles missions, les nouveaux projets, les nouveaux délais visent aussi les équipes de travail. Le manager doit jouer ici un rôle important. Il doit veiller à ce que son équipe ne subisse pas une surcharge de travail qui entraînera presque inévitablement des problèmes de production, de service ou de climat de travail. Il doit protéger son équipe et veiller à ce que la charge de travail exigée ou imposée soit aussi réalisable dans des conditions qui ne porteront pas atteinte au bien-être de ses collaborateurs et à l'efficacité de l'entreprise.

À RETENIR

- Tous les spécialistes du travail sur la planète s'entendent pour dire que, depuis les vingt dernières années, le travail s'est considérablement intensifié.
- Les entreprises subissent une diminution de la quantité et de la qualité des produits ou des services puisque l'augmentation de la charge de travail freine l'initiative et la créativité des employés et des managers.
- La plupart des entreprises ne disposent pas d'outil de management adéquat pour évaluer la charge de travail de leurs employés et managers.
- La charge de travail se compose de trois volets : ce qui est demandé, ce qui est ressenti et ce qui est réellement fait.
- Dans le travail, ce qui n'est pas fait, ce qui n'est pas terminé, ce qui a été abandonné ou ce qu'on cherche à faire sans y parvenir fait aussi partie de la charge de travail.
- Diminuer la charge de travail des personnes n'entraîne pas moins de capital pour l'entreprise.
- Surchargés de travail, les employés et les managers n'ont même pas le temps de s'occuper de leur bien-être.
- Quand les employés et les managers disent qu'ils sont surchargés, ils ne veulent pas nécessairement dire qu'ils veulent moins en faire.

Chapitre 7

Encouragez et soutenez l'autonomie
ainsi que la participation aux décisions

En préparant mes notes personnelles pour la rédaction de ce chapitre, je me suis donné pour tâche de relire 189 commentaires formulés par les personnes interrogées à mes sondages sur le thème de l'autonomie et de la participation aux décisions. Au fil de ma lecture, je me suis arrêté sur le commentaire suivant :

« Je suis un spécialiste en marketing ayant quinze ans d'expérience dans le métier. J'ai eu à m'occuper de gros clients et des campagnes de publicité de plusieurs millions. Mon expertise était reconnue par mon ancien patron. Depuis l'arrivée du nouveau, je participe de moins en moins à la prise de décisions et je dois faire valider mes décisions par mon supérieur. J'ai l'impression d'être mal utilisé et de constituer une menace à ses yeux. Pour moi, mon autonomie est essentielle, et je sais que je dispose des compétences pour collaborer aux orientations stratégiques de notre service. Si les choses ne s'améliorent pas, je vais demander un changement d'affectation… »

La situation vécue par ce spécialiste du marketing se résume donc à deux aspects principaux : son autonomie et sa participation à la prise de décisions. Il s'agit là d'une demande régulièrement formulée par les personnes que je rencontre. Ces dernières veulent contribuer à la conduite de leur travail et au développement des orientations de leur équipe. Cette demande est forte si on considère que seulement 56 % des employés qui ont répondu aux sondages indiquent que leur supérieur immédiat les encourage à participer aux décisions importantes.

© Groupe Eyrolles

Il faut bien se comprendre, les employés ne veulent pas le pouvoir, ils veulent participer, être informés, être consultés ou prendre part à la définition de leur travail. Cette demande n'est pas formulée sous l'impulsion ou dictée par le désir d'avoir du pouvoir sur les autres ou sur les choses, mais sur la volonté de mettre à contribution leur expertise dans la conduite de leur propre travail ou dans les décisions de l'entreprise.

L'autonomie et la participation aux décisions permettent à l'individu de connaître sa place et de s'affirmer dans l'entreprise. Cette possibilité et cette capacité d'influencer sont essentielles au bien-être des personnes et à l'efficacité des organisations. Dans une récente étude française, des chercheurs[1] ont constaté que 41,5 % des personnes interrogées valorisaient d'abord l'expression de soi au travail et l'utilisation de leurs compétences. « Les employés définissent comme injustes les situations et les relations qui les privent de leur créativité... dénonçant ainsi toutes les atteintes à la réalisation de soi dans le travail.[2] »

Un des plus grands chercheurs américains en matière de santé au travail, Robert Karasek, professeur à la *School of Health and Environment de l'University of Massachusetts Lowell* (École de la santé et de l'environnement de l'Université du Massachusets Lowell), a démontré qu'il existe un lien étroit entre l'autonomie d'une personne et sa santé mentale et physique. Robert Karasek et ses nombreux collaborateurs dans le monde entier ont fait la preuve scientifique que l'absence de moyens pour être créatif et développer ses compétences, l'impossibilité de décider comment le travail et les tâches doivent être faits et l'absence de participation aux décisions sont des ingrédients qui constituent un mélange toxique pour le bien-être de la personne. Or, mes sondages révèlent qu'à peine 67 % des employés considèrent avoir la liberté de décider comment faire leur travail.

---

1. DUBET, F. Injustices : l'expérience des inégalités au travail, Paris, Seuil, 2006, 490 p.
2. DUBET, F. *op.cit.*, p. 26.

En examinant attentivement ce problème, on constate que le statut professionnel et le salaire ne sont plus suffisants pour motiver les employés. Le défi actuel des entreprises est d'offrir aux employés la possibilité d'utiliser leurs capacités de création et de leur donner le droit de parole en ce qui concerne le travail à réaliser et les décisions organisationnelles les affectant directement ou indirectement. Le management doit rendre possible l'action des employés.

« Mais pas n'importe quelle action : celle que la personne peut reconnaître comme sienne, qui répond à ses valeurs, à son idéal, dans laquelle elle se sent responsable et autonome...[1] » Il faut comprendre que le travail n'est pas uniquement déterminé par la hiérarchie ; il est constamment organisé et réorganisé par ceux qui le réalisent. En prenant conscience de cette réalité, l'autonomie et la participation aux décisions deviennent plus aisément une valeur et une pratique de management.

Il existe aussi un lien très étroit entre autonomie, participation aux décisions et reconnaissance au travail. Lorsqu'il y a absence ou insuffisance d'autonomie ou de participation, bon nombre de personnes ont l'impression d'être invisibles aux yeux des managers et de la direction de l'entreprise. En ne contribuant pas au processus décisionnel, voici ce qu'en conclut un employé d'une institution financière : « Quand on nous impose des décisions, c'est comme si on n'existait pas. Aux yeux de la direction, on est absent de la prise de décision. Le sentiment qu'on a est celui d'avoir été oublié, un peu comme lorsqu'on ne salue pas le concierge qui fait le ménage alors que nous sommes encore au bureau ! »

En réfléchissant à ce commentaire, je constate que l'autonomie et la participation aux décisions constituent l'expression publique de l'existence, de l'expérience et de l'expertise des personnes. Par ces pratiques, on donne aux gens une valeur plus concrète et plus crédible que celle offerte par la reconnaissance verbale ou déclarative (remerciements, félicitations, honneurs, etc.). En effet, la reconnaissance verbale peut couvrir les gens d'éloges, mais c'est uniquement par l'autonomie et la

1. LHUILIER, D. *Cliniques du travail*, Paris, Érès, 2006, p. 86.

121

participation aux décisions qu'il y aura une véritable reconnaissance de leur expertise. C'est ainsi que les employés verront leur pouvoir s'accroître, car c'est en participant aux décisions qu'ils peuvent définir les modalités de leur autonomie et de leur implication.

J'affirme aussi que l'autonomie et la participation aux décisions sont des éléments qui témoignent tout autant de la valeur des personnes que la reconnaissance verbale. Elles sont aussi un signe de respect, comme l'exprime ce gérant de magasin : « Quand on me demande mon avis sur ce qui va et ce qui ne va pas avec la clientèle, c'est un grand signe de reconnaissance et de respect ! » En écoutant les employés, en établissant des processus de consultation, en invitant les personnes concernées à prendre part aux projets de changements organisationnels, les managers et les directions d'entreprises établissent une gestion active qui favorise grandement le bien-être au travail et l'efficacité.

Malgré son effet positif sur la personne et sur l'efficacité dans l'entre-prise, l'autonomie et la participation aux décisions sont perçues dans plusieurs entreprises comme une menace, un affaiblissement de l'auto-rité ou une volonté d'autogestion. Pourtant, la demande d'une plus grande autonomie et d'une plus grande participation n'est pas syno-nyme d'une pleine liberté et du rejet de l'autorité. Soyez sans crainte, les employés ne demandent pas le pouvoir.

D'ailleurs, lorsqu'on porte attention à leurs demandes, on s'aperçoit que les mots utilisés par les employés sont : participer, être écouté, pouvoir s'exprimer, contribuer, collaborer, être plus responsabilisé :

« La direction devrait être davantage à l'écoute des gens qui ont souvent de bonnes idées. »

« Il est important de consulter l'employé avant de prendre une décision qui aura un impact à long terme sur son travail. »

« Il faut établir une vraie participation aux décisions. Trop souvent, on nous demande notre avis, mais on n'en tient pas compte. »

« Il faut redonner au supérieur immédiat son pouvoir décisionnel. »

Comme vous pouvez le constater, ces demandes d'autonomie et de consultation sont les manifestations d'une ambition de contribuer au développement des projets qui les concernent. Il est donc étonnant de voir, dans l'univers du management, que l'ambition est valorisée, mais que l'autonomie fait encore peur, alors qu'il s'agit de comportements très similaires.

Vous trouverez, dans les pages qui suivent, non pas une vision utopique de l'autonomie et de la participation aux décisions, mais plutôt la mise en application d'une gestion réaliste qui favorise à la fois le bien-être des personnes et l'efficacité des entreprises. En fait, l'essentiel de mes propos sera d'expliquer et de démontrer comment les employés peuvent affirmer leur leadership et leur autonomie.

L'autonomie

L'autonomie se définit comme la marge de manœuvre d'une personne pour décider comment le travail doit être fait. C'est aussi sa capacité d'être créatif et de développer ses compétences. Aujourd'hui, les exemples les plus percutants de l'autonomie proviennent des métiers à risque comme celui de gardien de prison[1], qui porte le titre officiel de surveillant pénitentiaire.

La prison est un établissement qui vise à retirer de la vie sociale des personnes jugées dangereuses. Aux États-Unis, on compte plus de 2 millions de prisonniers et près de 500 000 gardiens. Au Canada, environ 40 000 détenus peuplent les prisons et près de 6 000 agents correctionnels y travaillent, alors qu'en France, on compte 63 000 détenus et environ 23 000 gardiens.

Les détenus sont des récidivistes de petits crimes, des auteurs d'homicides volontaires ou involontaires, des agresseurs sexuels ou des trafiquants de drogues. Chacun d'eux est évalué dans le but d'établir le

1. LHUILIER, D. *L'univers pénitentiaire : du côté des surveillants de prison*, Paris, Desclée de Brouwer, 1997, 287 p.

danger qu'il représente pour lui-même, pour les autres détenus et pour le personnel. Ce classement de dangerosité se fait généralement en fonction du type de délit (vol, meurtre, trafic, viol, etc.) et de l'intentionnalité (volontaire, involontaire, complot), qui ont été jugés par les tribunaux.

Si ce classement est utile pour déterminer la durée de la peine et le lieu d'incarcération, pour les gardiens de prison, il n'est pas suffisant pour bien connaître la personne incarcérée. Un détenu jugé pour un crime grave (meurtre ou viol) ne sera pas nécessairement celui qui sera le plus dangereux et le plus perturbateur en prison ; dans certains cas, il sera même celui qui permettra d'établir un fonctionnement stable dans l'établissement. « Le détenu jugé dangereux en prison est celui qui comporte les caractéristiques suivantes : il refuse le rôle assigné et résiste à sa neutralisation, il menace l'intégrité physique ou morale de ceux qui sont chargés de le garder [...], il expose l'agent au risque de la sanction. [...] C'est le cas notamment des fêlés, des psychiatriques ou des fous.[1] »

Donc, au-delà des critères officiels et légaux, le gardien de prison se donne une marge de manœuvre pour déterminer la dangerosité du détenu, le type de comportement qu'il devra adopter et la forme de relation qu'il devra établir avec ce dernier. Pour savoir à qui il a affaire, il ajoute d'autres critères : l'apparence, les vêtements, la démarche du détenu, le non-verbal, le comportement envers les autres détenus et le leadership qu'il exerce. C'est à partir de ces indices que les gardiens détermineront le degré de surveillance, la marge d'autonomie qu'ils pourront octroyer, la tolérance qu'ils pourront avoir, les informations qu'ils pourront échanger ou les privations qu'ils devront exercer.

En faisant appel à leurs compétences qui dépassent les critères officiels, ils pourront ajuster leurs pratiques de travail et mieux respecter les détenus, faire preuve d'équité, tenir leurs engagements, naviguer entre la contrainte et la liberté. C'est en grande partie l'autonomie du

1. LHUILIER, D. *Cliniques du travail*, Paris, Érès, 2006, p. 116-117.

© Groupe Eyrolles

surveillant pénitentiaire qui sera garante de la paix sociale en prison, de la sécurité des détenus et des employés.

Cette rapide description de la situation des gardiens de prison permet de dégager quatre principaux aspects de l'autonomie :

1. faire preuve de créativité et utiliser ses compétences ;
2. influer sur ses tâches ;
3. prendre des décisions de façon autonome ;
4. participer à la définition de ses conditions de travail.

Faire preuve de créativité et utiliser ses compétences

La possibilité de créer ne doit pas être le privilège de l'artiste, de l'artisan ou du chef d'entreprise. Comme je l'ai déjà mentionné, un employé travaille près de deux mille heures par année. Ce cumul d'expériences permet d'avoir une bonne compréhension de la situation et des problèmes rencontrés. Posons notre regard sur un autre milieu professionnel, celui de l'éducation. Au cours de discussions avec des enseignants d'un établissement secondaire, l'importance d'utiliser ses compétences pour offrir le meilleur enseignement possible a été clairement exprimée. Voici le compte rendu d'un entretien que j'ai eu avec des enseignants :

Chercheur. – « Comment faites-vous pour composer avec les enfants qui éprouvent plus de difficultés d'apprentissage ? »

Enseignant A. – « On développe des trucs au fil des années. Il faut du temps, observer l'élève, savoir ce qu'il aime faire, déterminer son type de difficulté pour savoir s'il s'agit d'un problème de mémoire, de dyslexie, d'attention ou de discipline. »

Enseignant B. – « Ces élèves sont importants ; on fait en sorte qu'ils réussissent. J'y pense presque tout le temps. Je lis énormément sur le sujet pour trouver des méthodes pédagogiques et des exercices nouveaux. On en discute, car certains d'entre nous ont déjà fait face à ce genre de difficulté et ont fait appel à leur expérience et à leurs compétences. »

Chercheur. – « Comment vous sentez-vous quand ça fonctionne ? »

Enseignant A. – « C'est d'abord la réaction de l'enfant qui est très satisfaisante et, ensuite, celle des parents qui voient leur enfant s'épanouir. »

Enseignant B. – « Vous savez, c'est une véritable création qu'on fait. On part avec un enfant qui a de gros problèmes d'apprentissage et on lui permet d'évoluer comme un enfant normal. La satisfaction de notre travail est énorme. »

Chercheur. – « Comment réagissez-vous au projet d'uniformiser les manières de s'y prendre avec les élèves en difficulté ? »

Enseignant B. – « Je ne suis pas contre. Pour autant qu'on se base sur notre expérience aussi et que cela ne provienne pas uniquement de spécialistes du ministère. Je souhaite conserver une marge de manœuvre, car mon expérience me montre bien qu'il faut faire preuve d'imagination et qu'il n'y a pas qu'une seule bonne méthode. Après quinze ans de métier, je sais comment m'y prendre. »

Les propos tenus par ces enseignants prouvent bien que la possibilité de créer et de faire appel à leurs compétences est essentielle, car elle permet de contribuer à l'efficacité de l'organisation et à l'amélioration de leur bien-être.

Influer sur ses tâches

La possibilité d'organiser ses tâches ou de définir ses priorités, la manière de les réaliser, la capacité de choisir l'information dont on a besoin, tout cela constitue des signes clairs et concrets du degré d'autonomie d'un employé. Donner une telle marge de manœuvre aux employés n'est pas une pratique courante, excepté dans les situations d'urgence.

Quand j'ai travaillé auprès des monteurs de lignes, j'ai constaté qu'il existait deux types de règles et d'exercice de l'autorité. En temps normal, il est essentiel de suivre toutes les directives établies par l'entreprise. Les monteurs le savent et sont généralement d'accord avec ces prescriptions du travail. Toutefois, durant des pannes importantes qui concernent des milliers de clients résidentiels et industriels, l'exercice de l'autorité est plus souple. La consigne donnée aux équipes est de rétablir le courant le plus rapidement possible. Ce n'est tout de même pas l'anarchie. En fait, on laisse les monteurs organiser leurs activités, déterminer les priorités et définir les règles à suivre. Généralement, tout se déroule bien, et les statistiques démontrent même qu'il y a moins d'accidents du travail dans des situations d'urgence qu'au moment de la réalisation des opérations courantes.

Le but principal de l'autonomie est d'augmenter, de manière permanente et non occasionnelle, la zone d'influence de l'employé lui permettant de décider seul de ses tâches et, du coup, de libérer son supérieur de la supervision. C'est ce que je mets en pratique avec mon équipe de recherche. Je dis régulièrement à mes collaborateurs que l'organisation de leurs tâches ou de leurs priorités est dans leur zone d'influence et qu'ils n'ont pas à venir me voir pour me demander la permission, mais que je suis disponible s'ils ont un problème. Voilà la différence entre autonomie et délégation !

Prendre des décisions de façon autonome

Le désir d'autonomie au travail m'a été exprimé clairement par un groupe d'opérateurs de métiers à tisser dans une usine de confection de tissus. Ces employés travaillaient de nuit, et la plupart étaient satisfaits de cette situation. Au cours des discussions, ils ont fait mention de plusieurs avantages : pas de patron sur le dos qui dit quoi faire, pas d'ingénieurs qui procèdent à des essais sur de nouveaux équipements ou de nouvelles méthodes de travail, plus grande autonomie et beaucoup moins d'interruptions de la production. Oh, mais il y a bien sûr des désavantages : ils sont plus isolés, ne sont pas aussi bien informés sur la vie de l'entreprise et vivent des inconvénients sur le plan familial ou personnel. Malgré tout cela, la production de nuit est aussi bonne que celle de jour ; les chiffres le démontrent bien.

Dans ce cas du travail de nuit, l'organisation du travail facilite la prise de décision de façon autonome. La demande qui m'avait été formulée était de voir comment l'organisation du travail de nuit pouvait aider à mieux organiser la production de jour. Avec un groupe d'employés de nuit et de jour et deux managers, nous avons analysé les tâches réalisées, les problèmes rencontrés et les incidents survenus. Pour chacune des situations, nous nous sommes intéressés aux processus de décision et aux initiatives prises pendant le jour et pendant la nuit. Les résultats ont été étonnants.

Durant le quart de travail de jour, les événements impliquaient un plus grand nombre de personnes que le soir et, surtout, entraînaient des interruptions de production plus longue (douze minutes le jour comparativement à sept minutes la nuit), puisque plus de personnes devaient être consultées et donner leur avis. Ce groupe de travail devait dresser une liste d'incidents de production et déterminer si un employé pouvait décider seul ou s'il devait faire appel à son supérieur.

Des changements ont été apportés, et les employés se sont rendu compte que leur marge de manœuvre était plus grande et qu'elle était officiellement reconnue. Du côté des supérieurs immédiats, malgré leur crainte, au début, de « laisser-aller du pouvoir », comme ils le disaient, la plupart ont considéré cette façon de faire comme un avantage, puisqu'ils étaient moins dérangés et que les interruptions de la production étaient moins longues. Certains ont douté de la capacité de responsabilisation des employés mais, après un certain temps, ces appréhensions se sont dissipées.

Le directeur de l'usine était agréablement surpris devant ce succès et a même demandé que l'exercice soit répété dans les autres unités. « Au début, j'étais assez inquiet de laisser-aller les employés ; maintenant, je vois qu'ils en sont capables et que mes managers sont moins embourbés dans des détails de production qui ne constituent pas du temps vraiment productif ! » a-t-il indiqué.

Participer à la définition de ses conditions de travail

L'autonomie n'est pas juste une question d'organisation du travail ou de responsabilisation, c'est aussi la possibilité pour l'employé de procéder à l'aménagement du temps de travail et à la définition des conditions dans lesquelles s'exerce le travail.

Au Québec, par exemple, dans le milieu de la santé, la question des conditions de travail, et surtout des horaires de travail, est un enjeu central lié à l'autonomie des employés. Depuis quelques années, en raison de la pénurie d'infirmières, les heures supplémentaires sont maintenant planifiées dans les horaires. Or, les infirmières se font dire qu'elles n'ont pas le droit de refuser, car elles contreviennent à leur code de déontologie.

Les heures supplémentaires travaillées par les infirmières augmentent en moyenne de 17 % par année depuis huit ans. L'année dernière, les infirmières québécoises ont effectué un total de trois millions d'heures supplémentaires. Les exigences des infirmières ne portent donc pas uniquement sur le processus de travail, mais aussi sur les horaires de travail, qui ont un impact considérable sur leur santé physique et psychologique, leur vie personnelle et leur vie familiale. Pour régler ce problème, il est essentiel de tenir compte de leurs propositions ou, à tout le moins, de leur donner une certaine marge de manœuvre pour ce qui est d'accepter ou non de faire des heures supplémentaires.

Les employés désirent donc de plus en plus pouvoir participer à la définition de leurs conditions de travail : travail à temps partiel, horaire flexible, travail partagé, travail à domicile, cumul d'heures travaillées ou choix des périodes de congé. Lorsque de tels aménagements sont possibles, l'employé constate que l'entreprise tient aussi compte de ses besoins et de ses contraintes. Cette latitude dans l'organisation des conditions de travail démontre également que l'employé est autonome et que l'entreprise a confiance en lui.

La participation aux décisions

La participation aux décisions est la capacité d'avoir une influence sur le degré de responsabilités, la possibilité de participer à la prise de décisions et de commenter l'information reçue du supérieur immédiat et de la direction de l'entreprise. Les sondages réalisés auprès de 17 000 employés démontrent que seulement 55 % des personnes interrogées considèrent avoir une influence sur ce qui se passe dans leur organisation et 62 % considèrent que les dirigeants ne sont pas à l'écoute de leurs suggestions. Pourtant, c'est en participant aux décisions que les employés peuvent définir, entre autres choses, les modalités et le degré d'autonomie dont ils peuvent disposer.

Mon expérience dans les entreprises m'a permis de constater que peu de stratégies officielles sont mises en place pour susciter la participation des employés aux décisions organisationnelles. En effet, mises à part certaines consultations ponctuelles sur divers sujets et l'existence de quelques mécanismes de participation (comité de santé et de sécurité du travail, comité de changement technologique, etc.), on retrouve rarement des processus officiels de participation aux décisions. Il revient donc à chaque manager de permettre ou non à ses collaborateurs de collaborer au processus de prise de décisions. Je constate aussi qu'en ce qui concerne la participation aux décisions, la plupart des entreprises fonctionnent en mode réactif, c'est-à-dire que les employés qui veulent s'exprimer ne peuvent le faire autrement qu'en émettant une plainte à leur manager, au service des ressources humaines ou à l'instance qui les représente auprès de l'employeur.

Récemment, j'ai animé un groupe de résolution de problèmes composé de représentants des ventes d'une entreprise d'équipements médicaux, qui disaient avoir une surcharge de travail. Ces représentants ont un grand territoire à couvrir et les objectifs de vente sont en constante augmentation. Ce sont presque des employés autonomes : ils décident de leur horaire, des clients à rencontrer et des activités à organiser dans leur région. Leur lieu de travail étant leur maison et leur voiture, ils ont donc peu l'occasion de se rencontrer et d'échanger sur leur travail, sur les succès comme sur les difficultés rencontrées.

Au cours d'une réunion régionale, les discussions étaient assez tendues et les plaintes arrivaient de toutes parts au sujet de la trop grande charge de travail et du manque de ressources. C'est à la suite de cette réunion, difficile pour tout le monde, qu'on a fait appel à mon expertise. Durant ma rencontre avec ces employés, un des représentants a ainsi résumé la situation :

« À chaque réunion régionale, c'est la même chose. On nous parle du bilan du dernier trimestre, des nouveaux produits, des nouvelles stratégies de marketing, etc. Le directeur nous présente les attentes de la direction et les objectifs qui ont été fixés pour chacun des produits dont nous sommes responsables. Le problème est que ces rencontres se déroulent toujours de la même manière ; on ressort de là avec de nouvelles commandes et des exigences qui ont augmenté. Il manque toutefois quelque chose d'important : nous écouter, tenir compte de notre expérience du terrain et de nos besoins. Généralement, dans ces rencontres, il y a peu de commentaires, les gens écoutent et ne réagissent pas ; ils savent que, de toute manière, cela ne donnera rien et que leur réputation peut en souffrir. Les vraies discussions se tiennent après la réunion régionale. On en parle entre nous sur le chemin du retour ou au téléphone dans les jours qui suivent. »

Ce qu'ils revendiquaient, c'était d'être écoutés. Ils souhaitaient que leurs opinions et leurs suggestions puissent influer sur les décisions prises au sujet de leur travail. En quittant la réunion, un représentant qui avait peu parlé m'a tendu un papier en disant : « Je n'aime pas beaucoup intervenir dans ce genre de rencontre, mais voici tout de même quelques idées qui pourraient être intéressantes. » En rangeant mes affaires, j'ai pris le temps de lire ce qu'il m'avait remis. Sa liste contenait une douzaine de suggestions !

J'avais discuté avec le directeur avant la rencontre de groupe et je m'attendais à cette réaction. Le directeur était conscient des problèmes : « Je n'ai pas le choix de transmettre les attentes de la direction, je n'ai pas plus de pouvoir qu'eux et je suis aussi débordé de travail. Plus de travail pour eux représente plus de travail pour moi aussi, nous sommes donc dans le même bateau ! » Après avoir entendu sa version au sujet de la situation, je lui ai expliqué que le problème se situait probablement sur deux plans : d'abord, les objectifs de rendement des représentants semblaient déterminés sans que ces derniers soient consultés, et ensuite, le déroulement des réunions régionales semblait faire peu de place aux échanges et à la discussion.

Je lui ai donc suggéré de commencer par traiter la question du déroulement des réunions régionales puis celle de la participation aux décisions, puisque le problème de la charge de travail ne pouvait être réglé sans d'abord installer des modalités efficaces de participation aux décisions. Pour y voir plus clair, il a voulu savoir comment il était possible d'améliorer la participation des représentants aux discussions de l'entreprise. Je lui ai fait une courte présentation sur les deux aspects suivants :

1. les processus de consultation des employés ;

2. l'ouverture du manager aux suggestions des employés.

Les processus de consultation des employés

Tous les collaborateurs peuvent contribuer à la prise de décisions dans l'entreprise, à la condition que les processus de consultation soient adéquats et clairs. Mon travail m'amène souvent à parler avec des employés de divers secteurs, des artisans, des managers, des techniciens ou des chercheurs, et toutes ces personnes ont des connaissances spécifiques sur ce qu'ils font, des talents particuliers et un savoir-faire.

En fait, lorsque j'interviens auprès de personnes, d'équipes ou d'entreprises en difficulté, je suggère surtout un processus de discussion et d'écoute permettant à chacun d'exprimer sa vision du problème et de

© Groupe Eyrolles

faire valoir ses solutions. Mon rôle est de mettre tous ces éléments en commun et de suggérer des solutions puisées dans mon expérience professionnelle. Un bon processus de consultation doit suivre à peu près la même démarche.

Rien de mieux qu'un exemple réel pour illustrer ce principe. Au cours d'une intervention en santé et sécurité du travail, j'ai visité une scierie avec un contremaître. À chaque poste de travail où nous nous arrêtions, je parlais avec les employés, après leur avoir expliqué le but de ma présence. Ils me parlaient des problèmes qu'ils avaient et me proposaient presque autant de solutions.

J'ai eu la chance de discuter avec le plus ancien employé de l'usine : trente-cinq années d'ancienneté. Il m'expliquait les problèmes de blocage de pièces de bois qui se produisait sur sa machine et les problèmes de sécurité que cela entraînait. Il avait aussi une solution à proposer qui semblait assez réaliste. Étonné par la solution suggérée par cet employé, le contremaître est intervenu en indiquant qu'il enverrait le technicien pour régler le problème. Au moment de quitter cet employé, je lui ai adressé la parole de nouveau en lui demandant s'il avait déjà parlé du problème et de la solution qu'il venait tout juste de nous formuler. Sa réponse a été assez claire : « Personne n'est intéressé par nos idées, ici ! » Le contremaître qui m'accompagnait a soulevé les épaules, mal à l'aise, et a eu un sourire gêné…

Je vous ai parlé de cet employé de scierie, car je considère que la plupart des personnes ont beaucoup plus à offrir qu'on le pense. En fait, si on parvient à fournir un environnement rassurant, qui encourage la contribution de chacun, il est possible de profiter de ces connaissances et de cette expérience. Avec le temps, j'ai observé et compris que la plupart des décisions peuvent être améliorées de manière significative si on consulte les membres de l'entreprise.

L'ouverture du manager aux suggestions de ses collaborateurs

La consultation est à la fois un processus, mais aussi une philosophie de management. Certaines entreprises consacrent du temps à établir des processus et des structures de participation, mais très peu de temps à former et à convaincre les managers et les employés de leur importance. Quand j'effectue des audits sur les pratiques de management dans de grandes entreprises, je constate qu'il existe des procédures de participation, des comités, des périodes de consultation, mais dans un cas sur deux, ces outils ne sont pas utilisés et les managers comme leurs collaborateurs n'en ont pas une haute opinion. Si les mécanismes de participation aux décisions sont nécessaires, ils ne sont pas suffisants. L'application de la participation aux décisions dépend considérablement de la volonté du manager. En effet, un bon manager qui consulte n'est pas nécessairement celui qui a les bons outils, mais surtout celui qui croit en l'apport de ses collaborateurs.

Les entreprises ont un défi important à relever à ce sujet, puisque seulement 55 % des personnes interrogées à mes sondages affirment que leur supérieur immédiat les encourage à s'affirmer lorsqu'ils sont en désaccord avec une décision.

Pourtant, les pratiques de management qui favorisent la participation aux décisions sont celles qui visent l'ouverture vers de nouvelles idées, comme l'explique ce manager d'un service de contrôle qualité dans une usine de pièces automobiles : « Mon rôle n'est pas d'imposer la solution. J'écoute ce que les techniciens ont à me dire, je prends connaissance des faits qu'ils me présentent et que je ne connais pas. En procédant ainsi, j'obtiens un plus large éventail d'informations et aussi d'options pour régler le problème. Ensuite, on cherche la solution qui nous semble la meilleure, on apprend ensemble. Bien sûr, la décision finale me revient, car je dois aussi tenir compte de la situation globale de l'entreprise et des volontés de la direction. Ça, c'est normal, et les employés le savent. »

L'explication de ce manager montre bien que la participation aux décisions ne vise pas l'autonomie totale des employés, mais plutôt une interdépendance entre le manager et ses collaborateurs. Le but recherché par ce manager est un bon dosage entre le leadership, qui vise à impliquer tous les membres de l'équipe, et la supervision, lui permettant d'user de son autorité. Cette interdépendance sera efficace et de qualité quand il y aura de part et d'autre une véritable écoute et une ouverture qui prendront la forme d'un partenariat. Cette ouverture sera possible lorsque les personnes concernées comprendront que la prise de décision n'est pas un processus individuel, mais bel et bien un processus qui engage les autres.

Malheureusement, quand vient le temps de prendre une décision, souvent par souci d'efficacité, beaucoup de personnes ont tendance à couper toutes communications avec leurs collaborateurs jusqu'à ce que la décision soit finalement prise. Or, on sait que la prise de décision[1] n'est pas moins rapide et moins bonne quand les décideurs prennent en considération plus d'informations, plus de points de vue, plus d'options et plus d'idées. Intégrer vos collaborateurs à la prise de décision ne veut pas dire que vous allez agir sur les idées de chacun, mais qu'il faut écouter les différents points de vue et, une fois que la décision sera prise, expliquer ce qui a été retenu des idées émises par votre équipe.

En parlant avec les employés, je constate que c'est en effet ce qu'ils demandent : « C'est bien beau qu'on nous demande notre avis, mais quand la décision nous est communiquée, on ne voit pas notre apport, ni les raisons pour lesquelles nos idées n'ont pas été retenues. Il me semble que lorsqu'on consulte, c'est la moindre des choses de revenir auprès des gens pour expliquer la décision finale qui a été retenue. Encore là, c'est à sens unique ! »

---

1. EISENHARDT, K.M. « Making Fast Strategic Decisions in High-Velocity Environments », *The Academy of Management Journal*, vol. 32, n° 3, 1989, p. 543-576.

Il est normal qu'au début cette pratique de participation aux décisions semble étrangère aux managers, aux employés et à l'entreprise. Il faut apprendre à se connaître, à établir des règles de discussion, à mettre de côté ses doutes et ses craintes, à trouver les bons moments et les bons endroits, à ne pas esquiver la participation par manque de temps ou à cause de l'urgence de la situation. Après un certain temps, les personnes apprennent à se connaître, ont une meilleure compréhension des points de vue, découvrent de nouvelles réalités, constatent l'ampleur du problème et mesurent les solutions possibles. À la longue, la participation aux décisions devient une habitude et se transforme graduellement en un partenariat qui s'exerce au quotidien.

Où en êtes-vous ?

Certaines conditions doivent être réunies pour favoriser l'autonomie et la participation aux décisions. Dans mes interventions, les pratiques suivantes ressortent comme étant les plus déterminantes. En remplissant la grille d'autodiagnostic ci-dessous, vous aurez un aperçu rapide de la situation dans votre entreprise.

outil de diagnostic
Remplissez la grille à l'aide de la légende ci-dessous.

100 %	Nous sommes souvent en position de leader dans cette pratique ; nous pourrions nous améliorer, mais très peu.
80 %	Nous sommes souvent en position de leader dans cette pratique ; nous pourrions nous améliorer légèrement.
70 %	Nous sommes parfois en position de leader dans cette pratique ; nous devrions nous améliorer.
50 %	Nous sommes très peu en position de leader dans cette pratique ; nous pourrions nous améliorer de beaucoup.
30 %	Nous ne sommes aucunement en position de leader dans cette pratique ; nous pourrions nous améliorer considérablement.

PRATIQUES DE LEADERSHIP, DE MANAGEMENT OU DE TRAVAIL		%
LEADERSHIP	1. La direction générale favorise la participation et la contribution de tous au moment de la prise de décision qui touche les personnes concernées.	
	2. La direction encourage une culture de coopération chez le personnel.	
PRATIQUES DE MANAGEMENT	3. Il existe des processus de participation aux décisions pour les projets d'entreprise.	
	4. Les managers sont ouverts, discutent et valorisent les suggestions faites par leurs collaborateurs.	
PRATIQUES DE TRAVAIL	5. Les employés ont la volonté de prendre des responsabilités pour leur réussite, le succès de leur équipe et de leur entreprise.	
	6. Les employés utilisent régulièrement les moyens de participation aux décisions qui sont mis à leur disposition.	

Une fois que vous aurez fait votre autodiagnostic, je vous suggère d'en discuter dans le contexte de votre choix (comité de direction, comité de management, groupe de travail, réunion d'équipe, etc.) afin de favoriser une prise de conscience sur l'autonomie et la participation aux décisions. Les observations qui découleront de cette réflexion serviront sûrement de leviers pour planifier et amorcer les changements désirés.

Foncez !

10 actions simples

➡ 1. Établir un processus de participation aux décisions

Une entreprise doit aussi se doter d'un processus de participation aux décisions pour les employés. En fait, la participation aux décisions ne doit pas s'improviser, il faut élaborer un processus et des outils qui pourront orienter les managers et leurs collaborateurs dans la marche à suivre.

⇒ 2. Encourager la prise de décision autonome

À titre de manager, il est important d'encourager les employés à prendre des décisions de manière autonome. Il faut d'abord définir la zone d'autonomie et expliquer régulièrement que les employés peuvent user d'autonomie. Il est aussi important de les rassurer et d'affirmer votre appui tant dans leurs succès que dans leurs échecs.

⇒ 3. Agrandir le cercle d'influence

L'acquisition d'une plus grande autonomie au travail ne transite pas uniquement par la mise en place des solutions ou des suggestions des personnes. L'autonomie s'atteint en augmentant ce qu'on appelle le cercle d'influence ou la zone d'autonomie et de responsabilités. Ce cercle comprend les éléments suivants : implantation d'une idée, modification d'un processus, etc. Le cercle d'influence ne signifie pas la prise de décision unilatérale, mais la concertation avec les autres paliers de décision dans l'entreprise. L'agrandissement du cercle d'influence doit aussi se faire en respectant le pouvoir décisionnel du supérieur immédiat.

⇒ 4. Diminuer le nombre de contrôles

Avec les exigences en matière d'éthique, de qualité, de respect de l'environnement et de bonne gouvernance des entreprises, la dernière décennie a connu une augmentation importante des contrôles, vérifications et audits. Cette augmentation de la surveillance n'est pas toujours très efficace et a eu pour effet de réduire l'autonomie et de banaliser le pouvoir décisionnel des personnes. Il est donc nécessaire de s'interroger sur les degrés de contrôle dans le travail. Pourquoi un compte de dépenses doit-il être vérifié par trois services différents ? Pourquoi un plan de formation doit-il être approuvé par quatre instances différentes ?

Il faut donc comptabiliser les contrôles et questionner leur pertinence en regard des valeurs d'autonomie et de participation aux décisions des employés.

⇒ 5. Faire confiance à la compétence de ses collaborateurs

Les employés connaissent leur travail, ils y passent en moyenne plus de deux mille heures par année. La direction doit donner plus d'autonomie aux employés, et les employés doivent assumer plus de responsabilités.

Pour y parvenir, il ne faut pas uniquement des principes et des processus de participation aux décisions, il faut d'abord et avant tout des valeurs de management basées sur la confiance envers les employés.

Cette confiance pourra s'établir grâce aux actions suivantes :
- partager l'information avec ses collaborateurs ;
- développer des tâches qui permettent l'autonomie des collaborateurs ;
- définir clairement les rôles et les responsabilités de chacun ;
- reconnaître les employés quand ils connaissent des succès et les soutenir quand ils font des erreurs.

➡ 6. Éviter le prétexte de l'urgence

L'urgence a le dos large et est souvent le prétexte pour justifier une décision rapide et unilatérale. Trop souvent, le problème n'est pas le manque de temps, mais le fait que la participation aux décisions n'a pas fait l'objet d'une intégration hâtive. Il faut considérer la participation aux décisions comme une étape qui doit se mettre en place très tôt dans le processus décisionnel et pas seulement lorsque la décision, surtout si elle est finale, est sur le point d'être prise.

➡ 7. Écouter les idées des autres

Un signe concret de participation aux décisions est lorsque, dans une discussion, un débat ou une réunion, on se sent écouté. Il arrive trop souvent qu'au lieu d'écouter, on prépare sa réponse, son argument, son objection. Cette attitude ne favorise pas la participation et c'est un signe manifeste de non-participation aux décisions. Il est donc important d'écouter, mais il est aussi important d'assurer un suivi sur ce qui nous a été rapporté. Le suivi des commentaires des employés est un signe concret de participation aux décisions.

➡ 8. Favoriser une approche solution

La participation aux décisions peut vouloir dire soulever les problèmes rencontrés dans l'exercice du travail, mais il faut surtout se centrer sur ce qu'on peut appeler une approche solution. Quand une personne soulève un problème, il faut l'encourager à explorer aussi les pistes de solutions envisageables. La manière de s'y prendre est assez simple, vous n'avez qu'à demander : que devrions-nous faire pour régler ce problème ? Certains managers vont même jusqu'à demander d'abord la solution et, ensuite, écoutent pour savoir quel est le problème !

➡ 9. Redonner aux supérieurs immédiats leur pouvoir décisionnel

Il n'est pas rare de voir des employés demander que plus de pouvoir soit conféré à leur supérieur immédiat. Il ne s'agit plus ici de contrôle, mais de donner plus d'autonomie et de marge de manœuvre aux managers et à leur équipe. Les

Management d'équipe

employés ne veulent donc pas le pouvoir, ils veulent que ce pouvoir soit plus près d'eux pour éviter les délais dans la prise de décision, ou encore les problèmes laissés sans réponse.

➡ 10. Éviter de modifier les conditions de travail sans consultation

Ce conseil est l'expression d'une demande formulée par un nombre incalculable de personnes que j'ai rencontrées. Les gens ne demandent pas d'être consultés pour toutes les décisions stratégiques de l'entreprise ; ils veulent être consultés, non pas décider seuls, lorsqu'ils sont directement concernés. Quand il s'agit d'espace de travail, de méthode de travail, d'horaire, il faut interroger les gens concernés.

------- À RETENIR -------

- L'autonomie se définit comme la marge de manœuvre de la personne qui lui permet de décider comment le travail doit être fait et quelle tâche doit être réalisée, et aussi d'influer le degré de responsabilités ; elle lui donne également la possibilité d'être créatif et de développer ses compétences.

- La participation aux décisions est la capacité d'influer sur le degré de responsabilités, la possibilité de participer aux prises de décisions et la possibilité de commenter l'information reçue du supérieur immédiat et de la direction de l'entreprise.

- La possibilité et la capacité d'influer sur son travail sont essentielles au bien-être des personnes et à l'efficacité des entreprises.

- L'autonomie et la participation aux décisions donnent de la valeur aux employés et constituent des signes de respect.

- Le défi à relever pour les entreprises est d'offrir aux employés la possibilité d'utiliser leurs capacités de création et d'avoir leur mot à dire au profit du travail à réaliser et des décisions à prendre.

- Avoir une influence sur le déroulement de son travail est une preuve concrète de l'autonomie dont dispose un employé et une grande marque de respect à l'égard de ses compétences.

- L'autonomie vise à donner une marge de manœuvre à l'employé pour qu'il puisse tenir compte de son bien-être au travail et de l'efficacité de l'entreprise.

- En ce qui concerne la participation aux décisions, la plupart des entreprises fonctionnent en mode réactif, c'est-à-dire que les employés qui veulent s'exprimer ne peuvent le faire autrement qu'en émettant une plainte à leur manager ou à l'instance qui les représente auprès de l'employeur (association, syndicat).
- La plupart des décisions peuvent être améliorées de manière significative quand on consulte les membres de l'entreprise.
- Certaines entreprises consacrent beaucoup de temps à établir des processus et des structures de participation, mais très peu de temps à former et à convaincre les managers et leurs collaborateurs à les utiliser.
- On sait que la prise de décision n'est pas moins rapide et moins bonne quand les décideurs prennent en considération plus d'informations, plus de points de vue, plus d'options et plus d'idées.

Chapitre 8

Clarifiez les rôles de chacun

Pour mieux mesurer l'ampleur et l'importance de certaines pièces manquantes du management, il est parfois utile de faire des analogies entre le sport et la vie en entreprise. Je ferai appel à cette analogie pour aborder le problème de la confusion et des conflits dans les tâches que rencontrent beaucoup d'employés et de managers.

Une équipe de football ne peut pas se permettre que deux joueurs suivent le même tracé, se nuisent ou, pire, ne sachent pas exactement quels joueurs de l'équipe adverse ils doivent bloquer. Si tel est le cas, les spectateurs, les joueurs et l'entraîneur sauront que leur stratégie de jeu est inefficace et qu'ils risquent de perdre la partie. Au football, comme dans tous les sports, la victoire repose sur les compétences des joueurs, mais aussi sur la stratégie d'ensemble élaborée par l'entraîneur.

Cette stratégie, qu'on appelle tactique de jeu, doit être clairement communiquée. Le rôle de chaque joueur doit être défini et il faut faire un bon usage de chacun. C'est en grande partie cette tactique qui fera que la partie sera gagnée ou perdue. Non seulement une bonne stratégie mènera l'équipe à la victoire, mais elle contribuera aussi au bon moral de celle-ci.

L'importance de la stratégie et du degré de précision dans l'assignation des tâches de chaque joueur s'applique tout autant dans le contexte des entreprises. Malheureusement, dans plusieurs d'entre elles, il existe des conflits et des ambiguïtés de rôles en matière de définition de tâches, lesquels ne seraient jamais tolérés dans une équipe de sport professionnelle.

En fait, ce qu'il faut comprendre, c'est que la stratégie d'une entreprise ne se résume pas à des objectifs, des plans d'action, des calendriers de réalisation et des produits à livrer. Les managers qui dirigent une entreprise doivent s'assurer que les responsabilités, les rôles et les tâches des personnes n'entrent pas en conflit et qu'ils sont aussi bien compris.

En fait, pour que le processus de travail soit clair et précis, chacun doit savoir ce qu'il a à faire et travailler pour atteindre les objectifs communs. Ainsi, quand les employés découvrent des incohérences sur le plan des tâches à effectuer ou mentionnent que le travail demandé n'est pas clair, il s'agit d'une organisation du travail frappée par des conflits de rôles ou par l'ambiguïté des rôles.

Les problèmes de conflit ou d'ambiguïté de rôle ne touchent pas seulement la tâche d'un employé. D'autres situations peuvent aussi se présenter entre des services et des unités de production. Par exemple, il existe des organisations où de nombreux intervenants de différents services doivent interagir avec le même client ; les hôpitaux en sont l'exemple parfait.

Un aide-soignant dans un centre de réadaptation pour personnes handicapées m'a un jour expliqué comment il doit composer avec des demandes différentes et souvent divergentes : « La journée d'un patient est bien remplie. Il voit beaucoup d'intervenants et, par conséquent, je dois m'occuper des multiples demandes qui en découlent. Le médecin veut le voir en fin de matinée, mais le physiothérapeute travaille seulement le matin et doit absolument effectuer les exercices de réadaptation entre neuf heures et demie et onze heures et demie. C'est aussi la journée de son bain ; je dois donc le lever très tôt pour le préparer. Je dois aussi m'occuper des autres patients ! Je passe ma journée à gérer ces situations qui entrent en conflit ; il devrait y avoir une meilleure coordination entre les différents services. On ne semble pas prendre en considération mes besoins, ni ceux des patients, pour que je puisse bien faire mon travail ! »

Cet exemple montre qu'il n'est donc pas suffisant d'établir une bonne description de tâches pour un employé. Il faut aussi s'attarder à la coordination des tâches entre les employés et entre les unités ou les services d'une même entreprise.

En matière de conflit et d'ambiguïté de rôle, 47 % des employés considèrent qu'ils effectuent des tâches qui devraient être faites différemment.

Pour compliquer un peu plus la situation, les conflits de rôles que peut vivre un employé dans la réalisation de son travail peuvent dépasser les murs de l'entreprise. En effet, l'employé ou le manager a aussi une vie à l'extérieur du travail qui parfois entre en conflit avec les exigences de l'entreprise. Par exemple, un couple de professeurs a une réunion dans une autre ville le même jour. Qui s'occupera des enfants ? Qui appellera les grands-parents ? Qui laissera tomber sa réunion à l'extérieur ? Ces déchirements sont nombreux et portent atteinte au bien-être des employés et à l'efficacité de l'entreprise.

De telles situations de conflit et d'ambiguïté de rôle sont légion et constituent un problème crucial, puisque 47 % des personnes interrogées à mes sondages considèrent qu'elles effectuent des tâches qui devraient être faites différemment. De plus, 27 % vivent une ambiguïté de rôle et disent ne pas savoir clairement comment leur patron veut que leur temps de travail soit géré.

Comment définir le conflit et l'ambiguïté de rôle ?

Il est important de bien prendre le temps de faire le tour de cette problématique de management. Dans les pages suivantes, j'aborderai donc les questions suivantes : Comment définir le conflit et l'ambiguïté de rôle ? Quelles en sont les principales formes qu'on retrouve dans les milieux de travail ? Quelles en sont les causes et les conséquences ? Comment intervenir pour diminuer ces conflits et ces ambiguïtés de rôles ?

Tout travail se compose d'un ensemble de rôles et d'une description de tâches. Que nous soyons médecin, secrétaire, chauffeur de camion ou analyste financier, nous avons tous un rôle qui nous a été attribué et que nous interprétons au moyen de nos actions et de nos décisions.

On peut définir un rôle comme un ensemble d'attentes (conduites, règles, objectifs, résultats) qui sont déterminées à la fois par un donneur d'ouvrage (manager), par l'environnement de travail (collègues, clients ou fournisseurs) et par le récepteur (personne qui doit faire la tâche). Puisqu'il y a plusieurs personnes qui peuvent définir notre rôle, il se présente régulièrement des dysfonctionnements qui prennent la forme de conflit de rôle ou d'ambiguïté de rôle.

Tout d'abord, le conflit de rôle signifie qu'au moins deux attentes entrent en contradiction. L'exemple le plus classique est le conflit entre les exigences de quantité de travail et de qualité. La secrétaire doit-elle faire vite ou faire bien ? Pour l'analyste financier, est-ce le nombre de produits vendus qui compte ou la qualité du service rendu au client ? Le médecin doit-il prévenir ou guérir ? Pour un très grand nombre de personnes, de tels dilemmes se posent au quotidien. Deux éléments nous permettent de mieux les cerner.

La première composante du conflit de rôle est mesurable. La secrétaire peut expliquer que le nombre de demandes formulées par les employés l'empêche de faire un travail qui respecte ses standards de qualité. L'analyste financier voit bien la relation directe entre l'augmentation des objectifs de vente et ses difficultés à faire un suivi rigoureux de sa clientèle. Quant au médecin, il sait fort bien que les dernières compressions budgétaires ne feront qu'allonger la liste d'attente et rendre encore plus difficile l'atteinte des objectifs du ministère de la Santé.

La seconde composante du conflit de rôle est subjective et relève davantage de la différence de perception entre le donneur d'ouvrage et l'employé. Par exemple, la compréhension du rôle d'un contrôleur de la qualité n'est pas la même pour ce contrôleur et pour son patron. L'atteinte des résultats attendus diffère de part et d'autre. Le patron voudrait un rendement supérieur, mais le contrôleur sait bien que cela affectera la qualité de son travail et augmentera son état de fatigue.

Pour éviter le genre de situation que je viens d'illustrer, il faut savoir que le conflit de rôle peut prendre quatre formes :

1. le conflit de rôle lié à un seul demandeur ;

2. le conflit de rôle entre plusieurs demandeurs ;

3. le conflit de rôle individuel ;

4. le conflit de rôle entre deux services.

Le conflit de rôle lié à un seul demandeur

Ce type de conflit apparaît généralement lorsque les attentes formulées par le manager sont incompatibles. Par exemple, un manager vous demande de réaliser une tâche, mais ne vous donne pas les ressources (techniques, humaines ou financières) qui vous permettront de réaliser le travail demandé et, surtout, d'atteindre les objectifs fixés. Dans ce cas-ci, le conflit provient d'un seul donneur d'ouvrage qui vous demande une chose, mais ne vous donne pas l'autre. Pour l'employé, naîtra, à court ou à moyen terme, un conflit de rôle qui rendra la tâche impossible ou entraînera des conséquences importantes pour lui.

C'est le cas d'un menuisier que j'ai rencontré au cours d'une étude sur la sécurité du travail sur les chantiers de construction. Le contremaître avait demandé que des réparations soient effectuées sur la corniche d'une maison, mais les échafaudages n'étaient pas suffisamment hauts et le menuisier avait dû installer une échelle sur l'échafaudage pour atteindre la corniche. L'ouvrier savait bien qu'il ne respectait pas le code de sécurité, mais il devait faire le travail demandé par son contremaître. Il espérait pouvoir faire le travail, ne pas tomber et ne pas se faire prendre par un inspecteur de sécurité. Le contremaître, pour sa part, avait donné un ordre tout en sachant que l'équipement pour faire le travail n'était pas adéquat. Lui non plus n'avait pas le choix, car les délais de livraison de la maison étaient déjà dépassés de quelques semaines.

Le conflit de rôle entre plusieurs demandeurs

Ce conflit prend la forme de demandes ou d'objectifs contradictoires entre deux donneurs d'ouvrage. On observe de plus en plus ce genre de situation dans les projets industriels qui nécessitent une collaboration internationale. Par exemple, un partenaire souhaite retenir les services du sous-traitant le moins cher, alors que le partenaire local voudra faire appel aux fournisseurs qu'il connaît et avec lesquels il entretient des relations d'affaires depuis plusieurs années.

Cette situation crée non seulement des tensions dans la gestion interne des projets, mais également des tensions dans les relations d'affaires. De tels conflits peuvent aussi se retrouver au sein de la même entreprise. C'est le cas, par exemple, d'un contrôleur de train à qui la direction demande de vérifier tous les billets des voyageurs, alors que son responsable lui conseille de ne pas insister, pour ne pas mettre en jeu sa sécurité personnelle si un client ne veut pas payer.

On trouve aussi régulièrement de tels conflits dans les hôpitaux. Il y a plusieurs années, le père d'un ami a été hospitalisé pour un problème de santé. Les membres de sa famille faisaient une veille à tour de rôle et s'occupaient de ses soins personnels. Mon ami a demandé à plusieurs reprises que la toilette de son père soit faite régulièrement. Il me confiait avoir mis beaucoup de pression sur le personnel soignant et l'infirmière en chef.

Préoccupé par le bien-être de son père, cet ami formulait des demandes qui différaient de celles définies par la direction des soins de l'hôpital. Les aides-soignants et les infirmières devaient donc composer avec des demandes différentes. Mon ami voulait un bain tous les deux jours, tandis que, pour l'hôpital, deux bains par semaine étaient suffisants. À sa demande s'ajoutaient celles des autres familles présentes qui prenaient aussi soin de leur proche hospitalisé. Le personnel hospitalier tentait du mieux qu'il pouvait de concilier toutes ces demandes.

Au cours de mes interventions dans le milieu hospitalier, j'ai régulièrement entendu le personnel expliquer que les soins rendus étaient de qualité, mais que la quantité et la lourdeur des patients rendaient difficile la conciliation de toutes les sollicitations des familles et de l'organisation.

Un soir, un infirmier m'a dit : « Je fais tout mon possible. Si les familles considèrent que leur enfant, leur père ou leur mère ne reçoit pas les soins qu'il faut, elles peuvent se plaindre du manque de personnel, cela nous aidera peut-être. Nous, on a fait plusieurs fois la demande et on n'a rien obtenu ! » Il y a ici un lien important à faire entre le manque de ressources, la charge de travail et l'apparition d'un conflit ou d'une ambiguïté de rôle.

Le conflit de rôle individuel

Le conflit de rôle individuel prend la forme d'incompatibilités entre le rôle à assumer au travail et les rôles, les responsabilités ou les valeurs liés à la vie personnelle. Par exemple, il est courant de voir de petites entreprises où le propriétaire-dirigeant est aussi le père d'un employé qui ne donne pas le rendement attendu ou qui n'adopte pas la bonne stratégie à l'égard de la clientèle. Souvent, le père vit un dilemme : doit-il intervenir pour protéger son entreprise, mais risquer de détériorer la relation avec son fils ? Ou plutôt laisser aller les choses pour garder son fils puisque c'est sa seule relève ? Quoi qu'on en pense, le choix n'est pas si simple et cette situation n'est pas rare.

Le conflit de rôle individuel se retrouve aussi régulièrement chez les personnes pour qui le professionnalisme est important et pour qui les concessions ou la diminution des critères de qualité sont perçues comme des conflits sérieux entre ce qu'on attend d'elles et leur valeur professionnelle ou personnelle. Une infirmière vivra un conflit de rôle individuel si le fils d'un patient lui demande une chose qui va à l'encontre des indications du médecin. Un comptable aura le même dilemme si on lui demande de fermer les yeux sur certaines transactions financières.

Le conflit de rôle entre deux services

Ce genre de conflit apparaît lorsqu'il existe des incompatibilités ou des divergences entre deux rôles ou deux services de la même entreprise : par exemple, entre le service du marketing, qui vend les produits, et le service de production, qui suit difficilement la cadence des commandes en raison d'un manque de personnel. Un tel conflit a non seulement un impact sur le processus économique et l'efficacité de l'entreprise, mais aussi sur les employés de ces deux services, qui vivent des insatisfactions de part et d'autre.

Quand les choses ne sont pas claires

L'ambiguïté de rôle peut provenir d'un manque de précision dans la formulation des attentes, dans l'établissement des procédures et des méthodes, ou encore dans l'explication des retombées ou des conséquences liées au rôle à jouer. Les attentes ambiguës se répercutent sur les objectifs, les produits à livrer ou les délais de livraison. Par exemple, un jeune étudiant qui occupe un emploi saisonnier dans un cabinet d'ingénieurs n'ose pas aller voir son chef pour se faire préciser les derniers ordres qu'il a reçus. Les procédures ou les méthodes peuvent aussi être floues : quelles procédures adopter pour le règlement d'une plainte, pour le traitement d'une demande d'achat ou, encore, pour le partage des tâches entre deux sections administratives ?

Enfin, l'ambiguïté peut se manifester sur le plan des retombées d'un projet ou des conséquences attendues d'une stratégie. Ainsi, on peut demander à un manager de régler un problème avec un client important, d'en régler un autre avec la production ou d'implanter rapidement un changement sans véritablement définir ce qui est attendu comme résultat. Un commentaire formulé par un manager dans un bureau de consultants résume bien cette situation : « On me donne une mission, mais je ne sais pas exactement ce que la direction attend comme résultat ! »

Si nous poursuivons notre investigation un peu plus loin, il faut maintenant tenter de comprendre pourquoi les conflits ou les ambiguïtés de rôles apparaissent dans le déroulement du travail.

Une des premières causes qu'il faut explorer lorsqu'il y a ambiguïté de rôle est le manque d'autonomie au travail, empêchant ainsi l'employé d'apporter les modifications qu'il considère nécessaires pour ajuster le travail demandé au travail réel. En effet, la trop grande rigidité des tâches ou l'absence de marge de manœuvre ferment toutes les possibilités d'aménagement. À force de côtoyer des employés et des managers, j'ai souvent entendu dire que le travail devrait être fait autrement, les tâches être mieux réparties ou l'ordre des étapes revu. Trop souvent, ces mêmes personnes soulignaient qu'elles ne pouvaient rien faire parce qu'elles n'avaient pas l'autorisation ni le pouvoir de changer quoi que ce soit.

Le manque de supervision est aussi un élément qui contribue grandement au conflit ou à l'ambiguïté de rôle, puisque le manager ne connaît pas assez bien le processus de travail ou n'est pas assez présent pour être en mesure de récupérer les dysfonctionnements dans les tâches de ses collaborateurs.

Il y a quelques années, des employés d'une entreprise de distribution alimentaire m'ont dit que plusieurs choses n'allaient pas dans leur travail : les responsabilités de chacun étaient mal définies, les délais n'étaient pas les mêmes selon qu'ils parlaient à un patron ou à un autre et l'ordre des tâches leur semblait incohérent. Ces problèmes persistaient depuis déjà deux ans. Leur patron était rarement auprès d'eux, parce qu'on lui avait donné une importante mission qui consistait à revoir le processus de production des marchandises périssables.

Quand le patron était là, il tenait une réunion avec tellement de points à l'ordre du jour qu'il s'agissait surtout d'une réunion d'information et non d'un véritable lieu pour régler des problèmes. L'argument était toujours le même : « On ne changera rien maintenant, car le processus de travail sera bientôt modernisé. » Il faisait ce commentaire depuis dix-huit mois, et les employés continuaient à travailler de manière dysfonctionnelle. Ils ne croyaient plus à ces changements annoncés et ridiculisaient les propos de leur chef.

L'ambiguïté de rôle peut aussi être provoquée lorsqu'une personne est dans un environnement qui ne lui est pas familier. C'est souvent le cas des employés à temps partiel, des remplaçants, du personnel intérimaire, qui connaissent leur métier mais ne sont pas familiers avec l'environnement puisqu'ils changent de lieu de travail très souvent. Par exemple, une secrétaire remplaçante ne saura pas exactement quelles sont les attentes des professionnels de son service, une infirmière intérimaire ne connaîtra pas les besoins particuliers des patients ou encore les habitudes des médecins. Dans les deux cas, elles essaieront de faire de leur mieux en se disant qu'elles ne sont pas certaines que leur travail est adéquat et qu'elles s'ajusteront si jamais on les critique ou si elles font l'objet de plaintes.

Le fait d'avoir à son endroit des attentes qui changent régulièrement peut aussi faire naître des ambiguïtés à l'égard du travail attendu. Le travail de pigiste est fortement caractérisé par les changements constants des attentes, qui, par ailleurs, ne sont pas toujours claires puisqu'on fait souvent appel à cet employé en situation d'urgence, sans prendre le temps de tout lui expliquer. Un journaliste à la pige devra donc s'adapter rapidement aux différents rédacteurs en chef, au style du journal, au lectorat ou aux téléspectateurs.

Une personne peut aussi être confrontée à de l'ambiguïté de rôle lorsque l'atteinte de ses objectifs est déterminée par les comportements d'une autre personne. Cette situation est très fréquente chez les enseignants et les managers, qui ne sont pas évalués uniquement à partir de leurs réalisations, mais aussi à partir de la réussite de leurs élèves ou des réalisations de leurs collaborateurs. Les objectifs à atteindre ne sont donc pas toujours très clairs, puisqu'ils ne dépendent pas seulement de la personne qui fait la tâche – enseigner ou gérer –, mais des gens qui apprennent ou font le travail. L'ambiguïté est donc de savoir ce qui est attendu et évalué.

L'ambiguïté de rôle se présente aussi lorsqu'une personne ne reçoit pas de retour sur son travail ou que le retour survient tardivement. Un exemple me vient à l'esprit. Un soir, alors que je sortais tard d'une réunion dans un cabinet d'avocats, j'ai eu l'occasion de parler avec le gardien de l'immeuble qui devait m'ouvrir la porte principale pour sortir. Il s'agissait d'un jeune homme de vingt-sept ans, qui faisait ce travail de nuit depuis six mois. Quand je lui ai demandé s'il aimait son travail, il m'a répondu que ça pouvait aller. Je lui ai alors demandé s'il pensait bien accomplir son travail. Un peu surpris par ma question, il a lancé : « Je ne sais pas trop, j'ai vu mon patron seulement deux fois, et depuis, je n'ai plus de nouvelles. J'aimerais bien le voir plus souvent, car il y a plusieurs choses dont je ne suis pas sûr ! Je me dis que ça doit être correct puisque je n'ai pas de nouvelles de lui ! » Il s'est mis à rire en m'ouvrant la porte. Je lui ai suggéré de laisser un mot à son patron, qui travaillait de jour, pour lui demander un entretien.

Régler les ambiguïtés et les conflits de rôles est très important pour améliorer le bien-être au travail et, par conséquent, l'efficacité de l'entreprise. Bon nombre de managers réalisent qu'en modifiant les attentes et la manière de faire le travail, il est possible d'améliorer les conditions de travail.

Où en êtes-vous ?

Certaines conditions doivent être réunies pour diminuer efficacement le conflit ou l'ambiguïté de rôle. Dans mes interventions, les pratiques suivantes ressortent comme étant les plus déterminantes. En remplissant la grille d'autodiagnostic ci-après, vous aurez un aperçu du développement de la gestion de cette problématique.

outil de diagnostic
Remplissez la grille à l'aide de la légende ci-dessous.

100 %	Nous sommes souvent en position de leader dans cette pratique ; nous pourrions nous améliorer, mais très peu.
80 %	Nous sommes souvent en position de leader dans cette pratique ; nous pourrions nous améliorer légèrement.
70 %	Nous sommes parfois en position de leader dans cette pratique ; nous devrions nous améliorer.
50 %	Nous sommes très peu en position de leader dans cette pratique ; nous pourrions nous améliorer de beaucoup.
30 %	Nous ne sommes aucunement en position de leader dans cette pratique ; nous pourrions nous améliorer considérablement.

PRATIQUES DE LEADERSHIP, DE MANAGEMENT OU DE TRAVAIL		%
LEADERSHIP	1. La direction définit clairement les missions, les zones d'action et de pouvoir des différents services de l'entreprise.	
	2. La direction favorise une culture de coopération et non de compétition entre les différents services de l'entreprise.	
PRATIQUES DE MANAGEMENT	3. Des rencontres entre les divers services sont régulièrement organisées afin d'échanger sur les processus de travail.	
	4. Les managers accordent régulièrement du temps pour clarifier les tâches de leurs collaborateurs et en discuter.	
PRATIQUES DE TRAVAIL	5. Les employés n'hésitent pas à demander des explications lorsque les choses ne sont pas claires.	
	6. Les employés s'accordent mutuellement pour définir leurs tâches et leurs rôles de manière à faciliter la fluidité du processus de travail.	

Une fois que vous aurez fait votre autodiagnostic, je vous suggère d'en discuter dans le contexte de votre choix (comité de direction, comité de management, groupe de travail, réunion d'équipe, etc.). Les observations qui découleront de cette réflexion serviront sûrement de leviers pour planifier et amorcer les changements désirés.

Foncez !

10 actions simples

→ **1. Effectuer des mises au point sur le rôle des membres de son équipe**

Il n'est pas rare de voir des personnes travailler côte à côte sans savoir ce que fait l'autre. Ou encore ne pas connaître le travail des services, des ateliers ou des unités qui sont en amont ou en aval. Cette ignorance pousse souvent les uns à blâmer les autres pour ce qui va mal, ou à penser que ce sont les autres qui ont tort et qu'ils ne comprennent pas notre situation. Le problème est que tout le monde pense comme ça ! Il est donc important de prévoir du temps, au cours d'une réunion, où une personne de votre équipe ou d'une autre équipe peut venir expliquer son travail. Ces occasions de rencontre sont très efficaces et permettent un échange productif sur le processus opérationnel ou économique.

→ **2. Préciser clairement ce qu'on attend des personnes**

Les problèmes de conflit ou d'ambiguïté de rôle apparaissent généralement quand les gens ne savent pas exactement ce qu'ils doivent faire. La plupart des employés demandent à connaître leurs tâches, leur mission ou leur zone d'intervention. Le problème est qu'il règne souvent une certaine confusion ou, pire encore, il n'est pas possible de savoir exactement où commence et où finit le travail d'une personne. Il faut donc faire un effort pour définir ce qu'on attend de ses collaborateurs et discuter de ces attentes. La description de tâches est un bon point de départ, mais elle doit être complétée en intégrant des renseignements sur ces attentes, car il est très rare qu'elle représente ce que fait véritablement une personne.

→ **3. Ne pas défendre à tout prix les procédures qui ne fonctionnent pas**

Le travail à faire entre parfois en conflit avec des règles administratives inefficaces. Il ne faut pas défendre le système à tout prix et laisser croire que tout va bien. Soyez à l'écoute des plaintes, des demandes de modifications. Les employés sont les experts du travail à faire réellement et, en règle générale, les solutions qu'ils formulent sont assez simples. Votre organisation et votre réputation comme mana-

155

ger seront bien meilleures si vous êtes ouvert à discuter des difficultés plutôt que si vous tentez de défendre le système envers et contre tout.

⇒ **4. Savoir ce qu'on doit faire**

Il se passe beaucoup de choses dans une entreprise et les choses vont assez vite. Ce contexte fait en sorte que les managers n'ont pas toujours le temps, la volonté ou la capacité de vous demander si tout va bien. Vous devez aussi jouer un rôle proactif pour clarifier vos tâches. Il ne faut pas hésiter à rencontrer votre supérieur hiérarchique pour demander exactement ce qu'il attend : quels sont les délais exacts ? Quel est le seuil de qualité désiré ? Est-ce que des choses ont changé dans la mission qui vous a été donnée ? Si les tâches ne sont pas claires, s'il y a un conflit entre diverses demandes, vous devez le signaler et en discuter avec les bonnes personnes.

⇒ **5. Développer un système de parrainage pour les nouveaux employés**

Une description de tâches ne définit pas toute la réalité du travail. Pour les nouvelles personnes en poste, se posent de nombreuses questions sur les tâches, l'enchaînement des opérations, la finalité des étapes, etc. Les premiers mois dans un nouvel emploi sont critiques et peuvent faire toute la différence dans la perception des objectifs organisationnels, des tâches et des rôles de chacun. Le manager et les formateurs peuvent aider à clarifier ces questions. Une entreprise peut aussi compter sur les membres plus anciens de son personnel, qui peuvent être des mentors, pour guider les nouveaux employés dans l'apprentissage de toutes les étapes du travail. La contribution des pairs est une stratégie qui peut donc diminuer le conflit et l'ambiguïté de rôle et, par conséquent, augmenter le bien-être au travail et l'efficacité de l'entreprise.

⇒ **6. Coordonner les demandes**

Préciser le travail d'un employé est aussi possible en insistant sur la coordination des demandes formulées au quotidien. De plus en plus de personnes doivent composer avec des demandes multiples provenant de managers, de collègues ou de clients différents. Pour éviter des conflits dans la gestion des priorités ou des délais, on voit de plus en plus d'entreprises procéder à la mise en place d'un guichet unique, d'une ligne d'aide ou d'un répartiteur qui veille à une gestion plus cohérente des demandes et évite ainsi les conflits de rôles.

➡ 7. Fournir les ressources nécessaires à la réalisation d'une mission

Les difficultés que peut rencontrer un employé ou un manager ne dépendent pas uniquement de la précision de la mission ou de la demande, mais aussi de la disponibilité des ressources pour réaliser ce qui est souhaité. Par exemple, servir plus de clients sans augmenter le nombre d'heures travaillées ou effectuer de nouvelles tâches sans avoir la formation. La résolution de conflit ou de l'ambiguïté de rôle passe donc par l'allocation des ressources nécessaires pour répondre aux exigences.

➡ 8. Définir le travail réel

La description de tâches d'une personne ne décrit pas la totalité du travail réalisé. Un exercice bien simple consiste à établir les tâches connexes d'un emploi ou d'un poste de travail. C'est souvent dans ce qui n'est pas défini que naissent les conflits ou les ambiguïtés de rôles. La stratégie visée ici est d'harmoniser ce qui est défini avec ce qui ne l'est pas, mais qui fait tout de même partie du travail d'une personne.

➡ 9. Parler régulièrement des résultats attendus et obtenus

Il est assez fréquent qu'une personne qui reçoit peu de retours sur son travail ait l'impression de vivre un conflit ou une ambiguïté de rôle. En parlant régulièrement des résultats attendus et obtenus, vous aborderez aussi le sujet du contenu du travail. Cette discussion permettra d'harmoniser les besoins entre le manager et ses collaborateurs.

➡ 10. Favoriser les échanges entre les différents services

Pour diminuer le conflit et l'ambiguïté de rôle entre les différents services, il est important que l'information circule latéralement entre eux. Une action efficace consiste à organiser des rencontres interservices permettant aux personnes d'expliquer ce qu'elles font. Quelles sont leurs contraintes ? Quelle vision ont-elles du travail ? Quels sont leurs besoins ? Il ne s'agit pas de réunions de confrontation, mais de rencontres d'information dont le but, une fois l'étape de compréhension mutuelle atteinte, est de préciser les actions à mettre en place pour faciliter les processus opérationnels et diminuer les conflits et les ambiguïtés de rôles.

À RETENIR

- Un rôle se définit comme un ensemble d'attentes (conduites, règles, objectifs, résultats) qui sont déterminées à la fois par un donneur d'ouvrage (manager), par l'environnement de travail (collègues, clients ou fournisseurs) et par le récepteur (personne qui doit faire la tâche), avec des balises déterminées par l'entreprise.

- Le conflit de rôle signifie qu'au moins deux attentes entrent en contradiction.

- L'ambiguïté de rôle peut provenir d'un manque de précision dans la formulation des attentes, dans l'établissement des procédures et des méthodes ou encore dans l'explication des retombées et des conséquences liées au rôle à jouer.

- Le manque d'autonomie au travail fait en sorte que l'employé ne peut pas apporter les ajustements nécessaires pour combiner le rôle qu'on lui a attribué avec le travail réel.

- Le manque de supervision contribue au conflit ou à l'ambiguïté de rôle, puisque le manager ne connaît pas assez bien le processus de travail pour être en mesure de repérer les dysfonctionnements dans les tâches de ses collaborateurs.

Chapitre 9

Joignez les gestes à la parole

Au-delà des faits, des évidences, des conseils et des exemples présentés jusqu'ici, comment pouvons-nous nous assurer que des changements positifs seront apportés dans les conditions de travail des employés et des managers ? Quelles devraient être les dernières recommandations pour passer de la parole à l'action ? Ce passage à l'action ne doit pas être improvisé, et il est essentiel de le réussir, car 69 % des personnes interrogées lors de mes sondages désirent des changements dans leurs conditions de travail.

Les recherches internationales portant sur les changements, qu'ils soient d'ordre organisationnel, sociétal ou individuel, montrent toutes qu'il n'est pas suffisant de prendre connaissance d'un problème ou d'un danger pour que la situation change. La lutte contre le tabagisme en est un exemple concret : il faut dépasser le stade de l'information et de la formulation de recommandations sur la manière de cesser de fumer. En effet, on sait, depuis fort longtemps, que la cigarette augmente considérablement les risques de cancer, les méthodes et les moyens pour cesser de fumer sont nombreux et, pourtant, encore beaucoup de gens fument.

Ce constat s'applique à de nombreux milieux de travail où on connaît les problèmes et les moyens pour les régler, mais où rien n'est fait. Par exemple, on sait que le manque de reconnaissance joue sur la motivation, que la surcharge de travail augmente le stress, que les conflits interpersonnels nuisent à la coopération, que le cumul de ces situations porte atteinte au bien-être et à l'efficacité de l'entreprise. Pourtant, dans bien des milieux de travail, rien ne change. J'ai régulièrement constaté que ce n'est pas parce qu'on ne connaît pas la solution que rien n'est fait.

C'est plutôt parce qu'on ne sait pas comment élaborer un processus de changement visant l'amélioration du bien-être.

C'est le problème auquel a été confronté le propriétaire d'une PME spécialisée dans la fabrication de bottes[1]. Pour mieux répondre aux besoins de la clientèle et aux pressions du marché, il a décidé de mettre en place une organisation modulaire du travail qui remplacerait la traditionnelle chaîne de montage, où les employés effectuent la même tâche toute la journée devant la même machine. L'organisation par modules visait plus de polyvalence dans les tâches et une meilleure production.

« En regroupant les travailleuses par modules, l'entreprise voulait créer autant de micro-usines dans lesquelles on retrouve toutes les étapes de la production... Les opératrices ne sont donc pas assignées à un poste en particulier, mais plutôt à une zone correspondant à leur rang dans la séquence des opérations », explique Nicole Vézina, professeure à l'Université du Québec à Montréal.

Grâce à ce mode de production, l'entreprise voulait offrir aux employés un travail plus varié, plus de responsabilités et moins de tâches répétitives.

La réaction des employés n'a pas été celle du dirigeant. Dès le début de la réorganisation, plusieurs problèmes sont apparus : augmentation de la fatigue due à la posture de travail debout, trop grande dépendance vis-à-vis du travail des collègues, difficultés de communication entre collaborateurs et ambiance de travail tendue. Le patron de cette PME ne comprenait pas ce qui se passait, car au départ ses intentions étaient bonnes. Les chercheurs qui ont mené l'étude ont

---

1. VÉZINA, N., STOCK, S.R., SAINT-JACQUES, Y., BOUCHER, M., LEMAIRE, J., TRUDEL, C. et ZAABAT, S. *Problèmes musculo-squelettiques et organisation modulaire du travail dans une usine de fabrication de bottes*, Études et Recherches R-199, Montréal, Institut de recherches Robert-Sauvé en santé et en sécurité du travail, 1998, 27 p.

montré que le problème ne résidait pas dans la solution, mais dans sa mise en œuvre :

« [L]'implantation d'un changement organisationnel aussi important que celui qu'a connu l'usine demande un dosage de formation du personnel, d'adaptation des installations techniques et d'évolution des structures et de la culture de l'entreprise. [...] Ainsi, des facteurs tels que le temps nécessaire pour s'adapter au nouveau système et passer d'un travail individuel à un travail collectif, le temps pour apprendre et devenir plus polyvalent, le temps de soutien aux modules pour les aider à équilibrer les tâches avaient été sous-estimés. »

Cet exemple montre bien qu'il faut donc dépasser le stade de la description des problèmes et l'énumération des solutions pour s'intéresser d'un peu plus près aux mécanismes de mise en œuvre des changements qui conduiront à de véritables améliorations. Certains éléments pouvant constituer des leviers ou des obstacles ressortent comme des clés qui ouvrent la porte au succès d'une intervention sur le bien-être et la santé au travail.

Les leviers du succès

Levier n° 1 : Utiliser une approche de gestion stratégique des risques

Les sept pièces manquantes présentées dans ce livre peuvent sembler relativement évidentes. Cela ne signifie pas qu'une entreprise doive improviser ou négliger la manière dont elle planifie les actions à entreprendre. Dans un bon nombre d'entreprises, on met de côté la gestion stratégique des risques et on opte pour une approche que je qualifie de « à l'aveugle », où on ne sait pas trop sur quel problème agir. Pour intervenir plus sérieusement et plus efficacement, je vous suggère trois actions possibles :

1. analyser les données administratives de l'entreprise ;
2. recourir à des groupes de discussion ou à des entretiens individuels ;
3. effectuer un sondage auprès des employés.

Analyser les données administratives de l'entreprise

Pour s'assurer d'avoir une vision globale et juste de l'ampleur des problèmes, il est essentiel d'obtenir le plus de données administratives possible (taux d'absence, types d'absence, coûts de cotisation d'assurance invalidité, etc.) avant le début de l'intervention. D'une entreprise à une autre, ces données peuvent varier. On y trouve des renseignements sur les invalidités de courte ou de longue durée, les coûts d'assurance invalidité, la consommation de médicaments, les psychothérapies et les motifs de consultation du programme d'aide aux employés.

Ces données peuvent être connues pour l'ensemble ou pour chacune des unités de l'entreprise, ce qui facilitera plus tard le choix de certaines cibles d'intervention. Mon expérience montre que ces données administratives sont très précieuses, car elles constituent des indicateurs de gestion qui éclairent les décisions au début et pendant les interventions. Par ailleurs, la production d'un tableau de bord de gestion à partir de telles données constitue aussi un outil permettant de répondre objectivement et quantitativement aux doutes émis sur la véritable ampleur des problèmes présents dans l'entreprise.

Recourir à des groupes de discussion ou à des entretiens individuels

Si aucune donnée administrative n'est disponible, ce qui est souvent le cas dans les petites entreprises, le recours à des informations obtenues grâce à des groupes de discussion ou à des entretiens individuels peut aussi se révéler un choix judicieux pour cibler les principaux problèmes et les services les plus à risque.

À la suite d'une intervention sur un conflit entre une infirmière en chef et son équipe, j'ai suggéré à l'équipe de direction de l'hôpital de réunir son équipe de management afin de découvrir les autres « points chauds » dans l'établissement. Après une heure de rencontre, sans faire appel aux données de l'entreprise ou à un quelconque sondage, huit situations à haut potentiel de conflit avaient été découvertes. En effet, les chefs de service connaissent bien leurs équipes et savent où sont les

« points chauds » de l'organisation (plaintes répétées, rumeurs, accrochages entre les employés, etc.).

Il faut toutefois demeurer vigilant si vous utilisez cette méthode plus informelle. J'ai en effet constaté que bien des personnes connaissent l'existence des problèmes, mais ne mesurent pas toujours leur ampleur ou leurs conséquences. Le risque n'est donc pas d'ignorer un problème, mais plutôt de mal évaluer son ampleur (par exemple, le nombre d'employés qui vivent le problème) et ses conséquences possibles (démotivation, absentéisme, présentéisme, etc.). Malgré ces obstacles, il est important de mentionner que pour les petites et moyennes organisations, le recours à des groupes de discussion ou à des entretiens individuels est un excellent moyen pour déceler les problèmes de bien-être et d'efficacité dans l'entreprise.

Effectuer un sondage auprès des employés

Lorsque les données administratives ne sont pas disponibles ou quand il s'agit d'une assez grande entreprise, un sondage s'avère aussi un choix judicieux. Le sondage facilite l'orientation stratégique des actions puisqu'il mesure quantitativement les problèmes et leurs effets sur la personne et sur l'entreprise.

Levier n° 2 : Obtenir un appui financier de l'entreprise

L'appui de la direction de l'entreprise est très important, surtout lorsqu'il prend la forme d'un soutien financier substantiel. Améliorer les conditions dans lesquelles s'exerce le travail ne se fait pas sans investissement. Il faut libérer du temps de travail, engager un formateur, consulter un expert, revoir des procédures de travail, etc. Il ne faut surtout pas faire l'erreur de prévoir un budget uniquement pour le diagnostic et l'identification de solutions.

Dans bien des cas, j'ai constaté qu'il n'y avait pas de budget pour l'implantation et le suivi des actions. C'est pourtant l'étape principale, celle de la concrétisation des améliorations. Par ailleurs, avec l'octroi d'un budget particulier, la crédibilité du projet augmente considérablement, les possibilités d'intervention sont plus variées et le soutien à la mise en œuvre est envisageable.

Dans le cadre d'un projet de recherche-action que j'ai réalisé, l'entreprise avait fourni un budget de soixante-cinq mille euros annuellement pour des activités visant l'amélioration de la santé psychologique de ses employés. Il ne fait aucun doute que cet apport financier a été un élément clé pour démontrer la détermination de l'organisation, offrir des moyens au comité de mise en œuvre et motiver les employés et les managers à s'impliquer activement dans la démarche. Au cours des dix-huit mois qu'a duré le suivi de l'intervention, l'argument financier a été régulièrement évoqué pour répondre aux diverses critiques émises de part et d'autre dans l'organisation. Cet appui financier s'est donc révélé très efficace.

Levier n° 3 : Soutenir les managers durant la mise en œuvre des changements

Dans certains cas, les changements à apporter peuvent toucher des aspects délicats de l'organisation : tâches, relations humaines, processus de décision, circulation de l'information. Les managers qui doivent piloter ces changements localement, avec la collaboration de leurs collaborateurs, ne possèdent pas toujours les compétences pour y parvenir. Par ailleurs, ces derniers vivent aussi un stress important et ont un agenda bien rempli.

En 2005, une entreprise de microélectronique m'a contacté pour que j'aide le management à implanter des changements qui s'imposaient à la suite d'un sondage sur le bien-être au travail. Mon rôle était de faciliter et d'accompagner les managers dans certaines étapes : rencontre avec les employés, planification stratégique des changements, suivi et ajustement des actions mises en œuvre, etc. Ce soutien a été fort apprécié et a constitué un élément clé qui a contribué à la réussite de l'implantation des changements.

Levier n° 4 : Intégrer les changements dans le cadre d'un projet d'entreprise plus vaste

Une démarche d'intervention visant l'amélioration des conditions de travail est généralement un projet *ad hoc*, temporaire ou conduit en parallèle dans l'entreprise. Le poids stratégique de cette démarche n'est pas très imposant si on le compare aux activités normales de production, aux obligations financières ou aux dangers que représente la concurrence. Il faut donc, dans la mesure du possible, rattacher la démarche à des orientations d'entreprise (mission, orientations stratégiques, plan de développement, etc.) pour mieux consolider le soutien de la direction. Cette recherche d'appuis permet d'élever le degré de priorité de la démarche et de mieux garantir l'implantation et la pérennité des actions, puisqu'elle relèvera des enjeux de l'entreprise et non pas d'un quelconque comité temporaire et peu influent.

Cela a été le cas d'une grande entreprise forestière qui a décidé d'intégrer le bien-être de ses employés au cœur de ses objectifs économiques. En procédant ainsi, les dirigeants devaient régulièrement rendre des comptes sur ce point, et pas seulement en parler quand les choses allaient mal. Le bien-être des employés devenait ainsi un outil stratégique pour améliorer la compétitivité de l'entreprise.

Levier n° 5 : Utiliser une approche participative

Une approche qui prévoit la participation active des employés et des managers dans l'identification des problèmes et la mise en place des solutions est aussi un élément de succès puisque ceux-ci sont les experts en ce qui concerne leur travail. Ainsi, la réussite d'un projet ne dépend pas uniquement de l'engagement de la direction. Lorsque la démarche se déroule dans une unité déterminée (service, direction, atelier, etc.), il est crucial d'obtenir l'appui du manager responsable afin qu'il mobilise et obtienne l'engagement de son équipe, de ses cadres et de ses collaborateurs. En mobilisant son équipe de management dès le départ, il s'assure ainsi d'être soutenu dans la mise en œuvre des solutions.

Si l'appui de la direction et des managers est essentiel à la bonne marche de l'intervention, l'engagement du syndicat est également nécessaire. Lorsque j'ai accompagné des entreprises, cela m'a en effet permis de constater que les représentants des employés peuvent définir, de concert avec les représentants de l'employeur, le cadre, les règles et le type d'intervention. Ils contribuent donc activement à l'établissement des modalités de fonctionnement des comités d'implantation et des interventions sélectionnées. Il ne fait pas de doute que leur participation constitue une valeur ajoutée aux interventions et augmente, par le fait même, la crédibilité des activités proposées aux employés.

En ce qui concerne l'implication des employés, leur participation est essentielle à la réussite des interventions. Toutefois, pour que cette participation soit pleinement efficace, il faut mettre toutes les chances de son côté et s'assurer que les personnes concernées disposent de certaines compétences. Au fil des ans, j'ai développé une liste de critères dans le but de faciliter le choix des participants. La voici :

– désir de s'impliquer activement dans le projet ;

– bonne connaissance pratique du milieu du travail ;

– capacité de consulter et de mobiliser le personnel ;

– bon jugement et esprit ouvert ;

– esprit créatif et communicatif ;

– volonté d'apprendre et de diffuser les connaissances ;

– capacité de travailler en équipe ;

– présence à toutes les rencontres (disponibilité) ;

– facilité à s'exprimer en groupe.

Levier n° 6 : Faire connaître les actions

Lorsque j'accompagne des entreprises, j'entends régulièrement les personnes (employés et managers) dire que l'organisation fait peu de choses pour le bien-être de ses employés. Dans bien des cas, des efforts considérables avaient été déployés, mais ils n'étaient pas connus. Il est donc primordial de faire une bonne publicité pour faire connaître les réalisations. Il ne faut pas croire que parce que c'est fait, c'est connu.

Un parcours qui comporte des embûches

Pour adopter une approche stratégique du changement visant à la fois à l'amélioration du bien-être au travail et à l'efficacité de l'entreprise, il faut bien sûr connaître les leviers, mais aussi les obstacles qui peuvent nuire à la mise en œuvre des changements.

Obstacle n° 1 : Une charge de travail trop lourde pour les managers

Le chapitre sur la charge de travail montre bien à quel point les managers sont eux aussi débordés et parviennent difficilement à faire tout ce qu'ils prévoient. Ce problème de surcharge de travail a un effet pervers puisque non seulement cela nuit au bien-être des individus et à l'efficacité de l'entreprise, mais, en plus, cela constitue un obstacle à la mise en œuvre d'interventions visant à l'amélioration du bien-être au travail.

Nous nous retrouvons donc devant un paradoxe où les managers (et souvent leurs collaborateurs aussi) sont surchargés de travail et préoccupés par les exigences quotidiennes du travail et ne peuvent consacrer du temps et de l'énergie pour améliorer leurs conditions de travail. Il s'installe donc un cercle vicieux qui rend impossibles la réflexion et l'action et ne laisse d'autre choix à l'individu que de supporter les contraintes du travail. Ainsi, le facteur de risque, qui est une surcharge de travail, a un double effet : il est nuisible au bien-être et nuisible à l'implantation de changements positifs dans les conditions de travail.

Obstacle n° 2 : Le manque de compétence des managers à gérer les changements

De manière générale, les managers n'ont pas toutes les compétences pour gérer des changements. Il s'agit de personnes qui possèdent une excellente connaissance du métier, de la production ou du service à rendre, mais leurs connaissances et leur savoir-faire en matière de gestion du changement sont assez limités. Paradoxalement, le manager peut ainsi devenir un obstacle à l'amélioration des conditions de travail.

Je considère donc qu'il faut prévoir, dans presque tous les cas, un accompagnement du manager pour s'assurer de la bonne conduite de la démarche et de l'atteinte des résultats attendus. Ce point doit faire partie de la gestion du projet ; il ne faut pas seulement se préoccuper du changement à mettre en place, mais aussi des personnes qui vont le conduire. En règle générale, on pense peu au soutien dont aura besoin le manager pour apporter des changements, répondre aux arguments des employés, composer avec des situations difficiles, etc. En plus d'augmenter les chances de succès de l'intervention, ce soutien est aussi important pour la santé psychologique du manager.

Obstacle n° 3 : Les opinions négatives des employés et des managers sur les changements proposés

Intervenir sur le bien-être au travail est un objectif noble auquel il peut sembler facile d'adhérer. Grâce à mes observations sur le terrain, j'ai constaté qu'il n'en est pas toujours ainsi avec les employés et les managers. Plusieurs d'entre eux ont clairement exprimé leurs doutes relativement au succès et à la finalité d'une démarche visant l'amélioration du bien-être. Les commentaires témoignent souvent d'expériences antérieures à propos de projets qui ont échoué ou encore, qui n'ont pas donné les résultats escomptés. Ce n'est donc pas une simple résistance aux changements, mais un doute basé sur une expérience vécue.

Il est donc essentiel de reconstruire la confiance des employés et des managers. Cette reconstruction passe par la mise en place d'actions rapides et visibles pour montrer la bonne foi des personnes qui désirent instaurer un programme d'amélioration du bien-être au travail. Cette bonne foi se traduira aussi par une démarche participative qui concernera tout autant les employés que les managers. Par ailleurs, il faut que les personnes responsables de la mise en œuvre s'arment de patience et soient prêtes à être confrontées à des opinions et à des commentaires négatifs sur ce qu'ils font.

La direction doit aussi être consciente de la faible popularité des actions organisationnelles, elle doit apporter son soutien au projet d'implantation et procéder rapidement à la prise de décision concernant la mise en œuvre. Il faut comprendre que dans de tels projets, le temps et les délais d'implantation jouent contre la crédibilité du programme d'intervention.

Obstacle n° 4 : Trop d'actions d'un seul coup

Dans bon nombre de démarches en prévention (ergonomie, psychologie du travail, prévention des conflits, prévention des accidents du travail, etc.), une des premières étapes est l'identification des risques. Cette étape est en effet essentielle et permet l'élaboration d'un inventaire des risques.

Généralement, l'étape suivante porte sur l'identification des solutions. Ainsi, pour chacun des risques, une ou des solutions sont élaborées. Ce travail fait souvent l'objet d'un rapport dans lequel on retrouve les problèmes et les solutions correspondantes. J'ai constaté que dans certaines des entreprises participantes, les solutions étaient au nombre de soixante, voire cent vingt par unité de travail. Ce grand nombre de solutions montre l'éventail des possibilités pour transformer le travail, et prouve aussi que les groupes de résolution des problèmes ont bien fait leur travail.

Le problème se présente au moment de la mise en œuvre des solutions. Leur grand nombre a souvent pour effet de décourager les employés ou les managers et, paradoxalement, constitue une menace à la réputation du projet puisqu'il est presque impossible de les implanter dans leur ensemble. Nous savons que la charge de travail de tous est lourde ; un trop grand nombre de solutions a souvent pour effet que les actions sont diluées ou tout simplement ignorées.

J'ai été confronté à ce problème et j'ai pris l'initiative de limiter le nombre de solutions à implanter à quelques-unes (deux, trois ou quatre). En choisissant un petit nombre de solutions, les chances de succès sont plus grandes, l'effort à fournir est moins important et les arguments sur la charge de travail que cela représente sont plus difficiles à tenir. Les autres solutions ne sont pas détruites, elles sont simplement conservées et pourront être implantées ultérieurement. Cette approche par petits pas permet d'augmenter les chances de succès des actions à mettre en place.

Obstacle n° 5 : La trop courte durée de vie des solutions

Améliorer le bien-être au travail et l'efficacité de l'entreprise exige toujours un investissement de temps, de ressources humaines et financières, sans compter que cela crée des attentes auxquelles il faut répondre. Si la crédibilité et la pertinence des actions posées ou à poser ne font pas de doute, il faut constater qu'un enjeu majeur demeure pour assurer la durabilité des changements.

Les préoccupations sur la viabilité à long terme sont nombreuses pour les directions d'entreprises, les syndicats et les employés qui veulent que le peu de ressources qu'ils ont à investir le soit de manière efficace et efficiente. En outre, il ne faut pas perdre de vue que la cessation abrupte d'une activité est mal perçue et porte atteinte à l'engagement des employés et des managers dans les actions futures.

En règle générale, on se préoccupe surtout de l'effet des actions mises en œuvre, mais leur viabilité à moyen et à long terme est malheureusement une préoccupation secondaire, voire absente. Toute solution ne doit pas, bien sûr, durer éternellement ; l'entreprise et les gens changent, des solutions plus efficaces sont disponibles, le problème a évolué ou disparu. Toutefois, l'arrêt des activités de prévention que j'ai observé n'avait pas eu lieu pour ces raisons. Au cours des bilans que j'ai réalisés, les raisons évoquées pour expliquer la fin des actions étaient :

– les budgets avaient été réduits ou n'avaient pas été reconduits ;

- le responsable du projet était parti et aucun remplaçant n'avait été nommé ;
- les employés et les managers étaient démotivés ;
- d'autres problèmes étaient devenus plus cruciaux.

Alors, comment faire pour favoriser une viabilité à long terme des actions implantées ? Voici quelques pistes :
- planifier la durabilité ;
- assurer le financement des actions à moyen et à long terme, et pas uniquement pour un an ;
- prévoir les départs et les arrivées des personnes-ressources ;
- intégrer les actions dans les stratégies de l'entreprise ;
- nommer un cadre supérieur responsable des actions ;
- maintenir la crédibilité des actions ;
- développer chez les employés et les managers les compétences nécessaires pour prendre en charge les actions ;
- évaluer régulièrement le problème ;
- fixer des objectifs à atteindre à l'échelle de l'entreprise ou à l'échelle nationale ;
- s'assurer que le programme d'actions est pris en charge par une unité stable, mature et avec une bonne zone d'influence ;
- développer la visibilité externe du programme.

Foncez !

10 actions simples

➡ 1. Éliminer les risques à la source

Les plus grandes avancées qu'a connues le monde du travail en matière de santé et de sécurité du travail ont été possibles grâce à la mise en place de mesures préventives visant à l'élimination du risque à la source. Il en va de même en matière de bien-être au travail. C'est en agissant à la source que les entreprises pourront connaître une amélioration notable et durable des conditions de travail. L'action à la source permet une action définitive et efficace sur le risque.

Cette possibilité d'élimination à la source doit guider les interventions visant à l'amélioration du bien-être au travail. Il s'agit d'une question à se poser devant toutes suggestions d'amélioration : est-ce que cette action éliminera le risque ? Si ce n'est pas le cas, il est préférable de chercher encore plutôt que de mettre en œuvre une solution qui sera rapidement inefficace et constituera un mauvais investissement de temps, de ressources humaines et financières.

➡ **2. Adopter le principe des deux mille heures de travail**

Choisir et implanter une solution qui agira à titre préventif n'est pas toujours chose facile. On risque de mettre en place une solution qui aura peu d'effet sur les personnes ou le milieu de travail. Un des critères pouvant servir à trouver une solution envisageable est la portée et la durabilité de la solution proposée. Ce que j'appelle le critère des deux mille heures travaillées. Je me réfère ici au principe suivant : plus l'exposition au risque est diminuée, meilleure est la solution.

Devant toutes les solutions, il faut donc se poser la question suivante : combien d'heures de travail seront améliorées grâce à la solution envisagée ? À titre d'exemple, une conférence ponctuelle aura un effet sur une semaine ou deux, alors qu'une meilleure répartition des tâches aura un impact sur toute l'année de travail. Le choix est ainsi plus clair.

➡ **3. S'assurer de la disponibilité des ressources pour atteindre les objectifs fixés**

L'approche de résolution de problème est efficace, mais elle a comme défaut d'être trop axée sur la recherche de solution et, surtout, de mettre fin au processus d'intervention une fois la solution trouvée. Or, si beaucoup de solutions ne sont pas mises en place, ce n'est pas parce qu'elles sont mauvaises, inadéquates ou irréalistes.

La plupart du temps, les difficultés d'implantation d'une solution résident dans le manque de ressources (humaines, financières ou techniques). Durant la réunion de résolution de problèmes, il faut donc pousser un peu plus loin le travail et, une fois que les solutions ont été trouvées, s'interroger sur les ressources qu'il faudra déployer pour leur mise en œuvre et pour que cela soit un succès qui dure dans le temps.

© Groupe Eyrolles

➡ 4. Foncer et passer à l'action

Dans un projet d'amélioration des conditions de travail, le diagnostic, l'analyse des données et la recherche de solutions sont des activités essentielles et assez faciles à réaliser. Il est important de sortir rapidement de cette étape et d'emprunter le chemin de l'action et de la mise en œuvre des solutions. Généralement, on passe trop de temps sur le diagnostic et pas assez sur la mise en œuvre des solutions. Il est aussi indispensable de montrer à ses collaborateurs que l'amélioration des conditions de travail ne passe pas uniquement par la création d'un comité, mais aussi par des actions bien concrètes.

Il faut donc rapidement passer à l'action. Attention aux personnes qui remettent tout en cause, remettent continuellement en question les choix ou soulèvent toutes sortes d'embûches. Il ne faut pas agir à l'aveuglette, mais il ne faut pas vouloir tout prévoir. Un délai trop long avant de passer à l'action peut jouer contre la réputation du projet et contre la volonté de l'entreprise. Trop souvent, les comités perdent de vue que le but ultime n'est pas de tout prévoir, mais de procéder à des transformations le plus rapidement possible afin de montrer à ses collaborateurs qu'il ne s'agit pas uniquement de paroles, mais aussi bien de gestes concrets.

➡ 5. Affirmer sa marge de manœuvre

Il n'est pas vrai que l'organisation du travail ne peut pas changer. Le monde du travail change constamment, on ne cesse de le dire. C'est la direction du changement qu'il faut influencer. Tant pour les managers que pour leurs collaborateurs, il existe une marge de manœuvre qu'il ne faut pas hésiter à utiliser.

➡ 6. Adopter une approche participative

L'amélioration du bien-être au travail ne doit pas être un exercice uniquement patronal ou syndical. Il est essentiel d'inciter très tôt l'ensemble du personnel (employés et managers) à s'impliquer dans la démarche. Cette implication doit se faire au démarrage et pas uniquement une fois les solutions élaborées.

La participation seule n'est toutefois pas suffisante ; il est prouvé qu'il faut aussi s'assurer des compétences des participants. Deux actions peuvent être envisagées : effectuer une bonne sélection des participants et former les personnes qui participeront au processus d'amélioration du bien-être.

➡ 7. Nommer un responsable

L'amélioration du bien-être au travail est rarement perçue et vécue comme la priorité d'une entreprise. Cet état de fait est normal, et il ne sert à rien de se battre contre cette situation. Pour garantir que cet enjeu demeure parmi les principales priorités de l'organisation, il est plus stratégique de nommer une personne pour qui cette question est une priorité. Celle-ci doit disposer d'un bon leadership, d'un pouvoir reconnu et d'un excellent réseau d'influence. Une fois ce responsable nommé, il faut en prendre soin, le tenir informé, lui donner de la visibilité et de la reconnaissance.

➡ 8. Effectuer des études de cas (*business case*)

Ce n'est pas parce que le bien-être au travail améliore l'efficacité des entreprises qu'automatiquement l'organisation du travail dans votre entreprise va changer. Comme dans le cas des autres projets (technologie, environnement, marketing), il faut faire des études de cas pour démontrer l'ampleur des problèmes, justifier les changements proposés et déterminer les gains sur les plans humain, organisationnel et financier. Il faut aussi définir les rôles des employés et des managers, et prévoir des solutions de rechange aux plans suggérés.

➡ 9. Faire du bien-être au travail un critère de gestion

Le bien-être des personnes ne doit pas être que l'affaire de la médecine du travail ou des directions des ressources humaines. Le bien-être doit être géré de manière transversale ; il faut s'assurer que dans toutes les décisions, toutes les définitions de postes, toutes les méthodes de travail et tous les processus économiques et administratifs, le bien-être est présent. Le bien-être ne doit donc pas être simplement une valeur, mais constituer un critère de décision au même titre que le rendement de l'entreprise, la satisfaction de la clientèle et les préoccupations des managers.

➡ 10. Gérer les attentes

Si le bien-être au travail est un objectif vers lequel il faut tendre, il est important de ne pas susciter de faux espoirs chez les employés et les managers. Le mieux : donner une idée des engagements qui peuvent être tenus et de ceux qui seront plus difficiles, voire impossibles, à réaliser. Il vaut mieux présenter un projet réaliste que de créer des attentes irréalistes et de porter ainsi atteinte à l'intégrité de la démarche.